KB182729

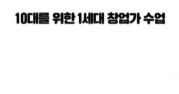

10대를 위한 1세대 창업가 수업

| 일러두기 |

- 이 책의 목차 순서는 생년을 기준으로 하며, 저자의 개인적 평가 혹은 판단과 무관합니다.
- 이 책은 각 인물의 경영 및 창업 활동에 중점을 두고 서술되었습니다.
- 인물명과 회사명은 공식 명칭을 따랐습니다.
- 본문 중 윗첨자로 표시된 작은 숫자는 참고문헌 번호입니다.
- 고딕체로 강조된 단어는 별도의 '잠깐' 코너를 통해 부연 설명했습니다.

10대를 위한 1세대 창업가 수업

초판 1쇄 인쇄 2024년 11월 17일
초판 1쇄 발행 2024년 11월 22일

지은이   김정진
펴낸곳   넥스트씨
펴낸이   김유진
출판등록   2021년 11월 24일(제2021-000036호)
주소   서울시 중구 서애로23 3층, 318호
홈페이지   nextc.kr
전화번호   0507-0177-5055
이메일   duane@nextc.kr

ⓒ 김정진, 2024
ISBN 979-11-980268-9-7 43320

김정진 지음

10대를 위한

1세대 창업가 수업

삼성, 현대, LG, 포스코, 유한양행, 대우를 만든 사람들

불가능을 가능으로, 대한민국 1세대 창업가들의 위대한 도전

1945년 8월 15일 새벽, 미국의 VOA 라디오 방송국은 긴박하게 돌아갔습니다. 일본의 히로히토 왕이 낮 12시에 '무조건 항복'을 선언할 거라는 1급 비밀을 입수했기 때문이었죠. VOA 방송국은 그 소식을 누구보다 먼저 전하기 위해 준비했어요.

당시 한국에서도 VOA 라디오를 통해 이 소식을 들을 수 있었습니다.

그날 아침 8시, 미국 정보국의 황성수는 VOA 라디오의 한국어 아나운서를 맡아 이 소식을 속보로 전하고, 애국가를 틀었습니다.

조선 동포 여러분, 일본은 무조건 항복을 하였습니다. (미국의) 트루먼 대통령이 연합국 각 군대에 공격 작전을 중지하라고 명령했습니다.

이 소식을 들은 한국인들은 거리로 뛰쳐나와 만세를 외치며 감격의 눈물을 흘렸습니다.

일본의 36년 식민지배는 참으로 악랄했습니다. 일본은 한국인의 이름을 일본식으로 강제로 바꾸게 했고, 집 안에서조차 한글과 한국어를 사용하지 못하게 했습니다. 또한, 돈이 되는 모든 자원을 한국에서 가져갔죠.

일본의 억압에서 벗어난 한국인들은 새로운 나라를 건설하자는 희망으로 가득 찼습니다.

그러나 1950년, 6·25 전쟁이 일어나면서 그 희망은 산산조각이 났습니다. 하나였던 나라는 둘로 나뉘었고, 형제였던 사람들이 서로에게 총을 겨누고 싸우게 되었습니다.

1953년, 전쟁은 승자와 패자 없이 전사자만 남긴 채 끝이 났습니다. 3년 동안 계속된 전쟁은 매우 참혹했어요. 한반도 인구의 10퍼센트가 넘는 300만 명 이상의 사람들이 목숨을 잃었고, 모든 것이 폐허로 변했습니다.

전쟁 후, UN은 한국 재건을 위한 대표로 인도의 정치가인 벤가릴 메논을 서울로 보냈습니다. 그는 완전히 잿더미로 변한 서울에서 수많은 고아와 거지를 보고 이렇게 보고했습니다.

"쓰레기통에서 과연 장미꽃이 피겠는가?"

누가 보아도 한국은 다시 일어설 수 없을 것 같았죠. 그때 폐허가 된 한국을 돕기 위해 미국의 비영리단체인 헤퍼Heifer International, 빈곤국가에 가축을 보내 주는 미국의 비영리단체가 발 벗고 나섰습니다. 헤퍼는 1952년부터 1976년까지 한국에 젖소 3,200마리를 보내 주었어요.

이 젖소들은 보육원, 농가, 대학교 등으로 보내졌고, 가난한 사람들을 도왔습니다. 보육원에 간 젖소들은 아이들에게 따뜻한 우유를 제공했고, 농가에 간 젖소들은 가족들을 먹여 살리며 우유를 생산했습니다. 당시 연세대학교는 10마리의 젖소를 받아서 숫자를 불린 다음에 연세우유를 창업하기도 했죠.

그로부터 70년이 지난 2022년, 한국은 도움을 받던 나라에서 도움을 주는 나라로 변했습니다. 네팔의 요청을 받아 101마리의 젖소를 보내며 헤퍼 역사상 처음으로 공여국이 된 것입니다. 12월 25일, 한국의 젖소들은 네팔에 도착해 크리스마스의 기적을 만들었습니다. 젖소를 받은 나라얀 더칼 씨는 이렇게 말했습니다.

처음 한국 젖소를 봤을 때 신이 들어오는 것 같았다.'

헤퍼 목동들이 직접 가축을 싣고
바다 건너 한국으로 왔습니다

네팔 농민을 위한 소 101마리 보내기는
우리가 깨달은 나눔의 가치를
또다시 베푸는 과정

**세계 최초로, 한국은 도움을 받는 나라에서
도움을 주는 나라로 변신했어요**
헤퍼코리아 유튜브 영상 ▶ 오른쪽 QR코드를 스캔하면 원본 영상으로 이동합니다

한국은 2009년에 OECD 개발원조위원회에 가입함으로써, 세계 최초로 원조 수혜국에서 공여국으로 변한 나라입니다. 이는 국제 개발 협력 역사상 유례없는 사례로, 세계적으로도 가장 놀라운 성공 이야기로 평가받고 있습니다.

그동안 수많은 국가가 UN, OECD, 헤퍼 등의 국제기관에서 원조를 받았습니다. 그런데 어떻게 한국만이 도움을 받던 나라에서 도움을 주는 나라가 될 수 있었을까요?

그리고 세계에서 가장 가난한 나라였던 한국은 어떻게 이렇게 빠르게 선진국으로 성장할 수 있었을까요?

그 이유 중 하나가 식민지배와 전쟁의 폐허를 딛고, 산업화에 성공한 1세대 창업가들이 있었기 때문입니다. 그들은 자신의 피, 땀, 눈물로 한강의 기적을 일구어냈습니다.

이 1세대 창업가들은 역사적으로도 매우 특별한 환경에서 자랐어요. 그들은 일제강점기라는 어려운 시기에 태어났고, 독립 후에는 6·25 전쟁이라는 큰 비극을 청년 시절에 직접 겪었습니다.

그들은 산업현장을 전장으로 삼고, 피 말리는 산업 전쟁을 계속 이어나가, 마침내 승리를 쟁취하였습니다. 그렇게 탄생한 기업이 삼성, 현대, LG, 대우, 포스코, 유한양행 등입니다.

1세대 창업가들의 목표는 사업보국이었습니다. 즉, 회사를 성공적으로 운영해 국민을 가난에서 벗어나게 하고, 나라를 부유하게 만드는 것이었죠.

이 창업가들은 특별한 기업가 정신을 가지고 있었습니다. 식민 지배를 경험하면서 나라를 잃은 슬픔을 절실히 느끼고, 전쟁을 통해 나라를 다시 잃을 뻔한 경험을 했기 때문입니다.

그래서 이들은 작은 성공에 만족하지 않았습니다. 세계적인 기업을 만들어 한국을 선진국으로 끌어올리겠다는 큰 꿈을 가지고 끝없이 도전했죠.

2024년, 노벨경제학상을 받은 제임스 로빈슨 교수는 시카고 대학교에서 한국의 산업화를 연구하는 학자입니다. 그는 노벨상을 받은 후, 언론과의 인터뷰[2]에서 이렇게 말했습니다.

제임스 로빈슨 교수
노벨경제학상
수상자

한국의 역사를 살펴보자. 1970년에 한국은 무엇을 수출했나. … 수출의 10%가 가발이었다. 한국은 현대적이고 혁신적인 산업 경제 국가가 될 수 있는 기반이 전혀 없는 듯 보였다. 사람들은 한국이 절대 (가난으로부터) 빠져나올 수 없다고 생각했지만, 결국 그들은 빠져나왔다. …
한국은 세계 역사상 가장 놀라운 경제적 성공담을 이룬 나라 중에 하나이다.

여러분이 이 책에서 만나게 될 1세대 창업가들은 처음에는 쌀, 오징어, 의류 등을 파는 작은 가게로 사업을 시작했습니다. 하지만 이들이 세상을 떠날 무렵, 작은 가게들은 어느새 최첨단 반도체와 자동차 등을 전 세계에 수출하는 글로벌 기업들로 성장했죠.

이 창업가들은 60도가 넘는 뜨거운 사막부터 영하 40도의 추운 알래스카까지, 돈이 되는 사업이라면 어디든 달려가 일했습니다. 지금은 모두 세상을 떠났지만, 이들이 세계 곳곳에 뿌린 씨앗이 있었기에 오늘날 '한류'라는 큰 열매를 맺을 수 있었습니다.

그러나 이들의 삶이 항상 성공만으로 이루어진 것은 아니었습니다. 이들은 꿈을 꾸고, 도전하고, 실패한 후에도 다시 도전하며 조금씩 나아갔습니다. 그리고 결국에는 세계 초일류기업을 만들었습니다. 무에서 유를 창조한 것입니다.

이은상 시인은 이렇게 말했습니다.

그들은 실로 조국 근대화를 향한 민족 행진의 산업전사요, 자손만대 복지사회 건설을 위한 거룩한 초석이 된 것이니 우리 어찌 그들이 흘린 피와 땀의 은혜와 공을 잊을 것이랴

1세대 창업가들은 노예처럼 일하고, 신처럼 창조했습니다. 이제 그 신화의 주인공들을 만나러 가보겠습니다. 이 책을 읽으며 여러분도 '나는 무엇을 꿈꾸고, 어떻게 그 꿈을 이룰 것인가?'라는

질문을 스스로에게 던져보길 바랍니다.

마지막으로, 여전히 세계 곳곳에서 전쟁의 비극을 겪고 있는 국가와 가난으로 고통받는 사람들에게 이 책이 조그만 위로와 희망이 되어주기를 간절히 소망합니다.

청일전쟁
을미사변
제1차 세계대전 1914~1918
3.1 운동
을사늑약
일제강점기

| 1895 | | 1905 | 1907 | 1910 | 1915 | 1919 |

유일한 출생
구인회 출생
이병철 출생
정주영 출생
필라델피아 한인자유대회 참가

1세대 창업가들의 여정 : 타임라인 인물사

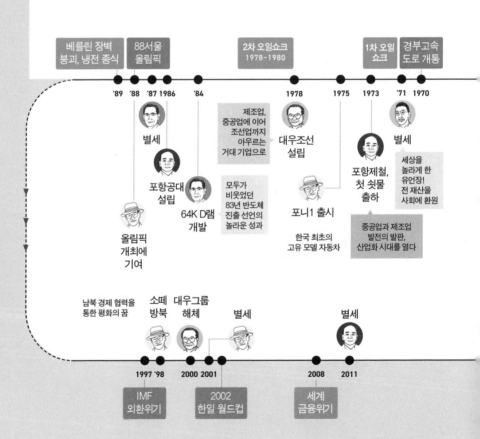

베를린 장벽 붕괴, 냉전 종식
88서울 올림픽
2차 오일쇼크 1978~1980
1차 오일 쇼크
경부고속 도로 개통

'89 '88 '87 1986 '84 1978 1975 1973 '71 1970

별세

제조업, 중공업에 이어 조선업까지 아우르는 거대 기업으로

대우조선 설립

포항제철, 첫 쇳물 출하

별세

세상을 놀라게 한 유언장! 전 재산을 사회에 환원

포항공대 설립

모두가 비웃었던 83년 반도체 진출 선언의 놀라운 성과

64K D램 개발

포니1 출시

한국 최초의 고유 모델 자동차

중공업과 제조업 발전의 발판, 산업화 시대를 열다

올림픽 개최에 기여

남북 경제 협력을 통한 평화의 꿈

소떼 방북
대우그룹 해체
별세
별세

1997 '98 2000 2001 2008 2011

IMF 외환위기
2002 한일 월드컵
세계 금융위기

제2차 세계대전
1939~1945

해방

일제강점기 1910-1945

1922

라초이
창업

미국에서의
첫 창업으로
큰 성공

1926 '27

박태준
출생

유한양행
창업

독립운동 자금
지원을 위한 제약사업

1929

1931

구인회상점
창업

첫 창업은
포목점

건어물 등
식품 가게

1936

김우중
출생

삼성상회
창업

1938

경일상회
창업

첫 창업은
쌀가게

1945

미 특수요원으로
냅코 프로젝트 참여

냉전시대 개막

한국전쟁
1950~1953

대한민국
정부 수립

'69 '68 1967

별세

대우실업
창업

수출 전문
기업의 탄생

삼성전자
창립

포항제철
(포스코)
설립

1963

대한중석
사장 취임

경부
고속도로
공사 시작

1960

1958

금성사
창업
(현 LG전자)

한국 최초의
전자회사

대한민국 경제의
대동맥을 건설하다

1953

제일제당
창립
(현 CJ
제일제당)

수입 설탕이
고기보다
귀하던 시절,
최초의
국산 설탕 생산

1950

현대건설
창립

'48 '47 1946

락희화학
공업사
창업
(현 LG화학)

국내 최초,
플라스틱
제품을
만들고
판매하다

현대
자동차
공업사
창업

별세

2016

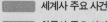

세계사 주요 사건

한국사 주요 사건

CONTENTS

01
유한양행
창업주

독립을 위해
창업한 기업가
유일한

충격적인 유언장

이런 말을 들어 본 적 있나요?

'돈을 벌기 위해서가 아니라 일제 식민지 독립을 위해 회사를 세웠다.'

그 주인공은 바로 유한양행을 만든 유일한입니다. 유일한에게 회사를 운영하는 일은 단순히 돈을 벌기 위한 것이 아니었어요. 그는 이렇게 생각했습니다.

"돈이 있어야 독립운동도 할 수 있고, 국민이 건강해야 일본에 맞서 싸울 수 있다."

이런 신념으로 그는 약을 만드는 회사를 세웠습니다. 그 회사가 바로 '유한양행'이에요. 유한양행은 나중에 세계적으로 유명한 제약회사가 되었죠.

1971년 3월 11일, 유일한은 세상을 떠났습니다. 그런데 그의 유언장이 공개되자, 모든 사람들이 깜짝 놀랐어요. 다음과 같은 유언장의 내용 때문이었죠.

첫째, 열 살 손녀에게 대학 졸업 때까지 학비 1만 달러를 줄 것.

둘째, 딸에게는 묘소와 주변 땅을 주되, 학생들이 자유롭게 드나들 수 있게 할 것.

셋째, 자신이 가진 회사 주식은 모두 교육 기금에 기부할 것.

넷째, 아내의 노후는 딸이 돌보길 바람.

다섯째, 아들은 대학까지 졸업시켰으니, 이제부터는 스스로 살아갈 것.

우리나라에서 가장 큰 제약회사의 회장이 재산 대부분을 사회에 환원한 것이었습니다. 그로부터 50년이 넘는 세월이 흘렀지만, 아직도 이런 일은 거의 일어나지 않았습니다.

유일한의 놀라운 유산

유일한의 유언장은 그의 가족들에게도 큰 충격이었어요. 하지만 그들의 반응은 우리가 생각하는 것과 달랐죠.

손녀 유일링은 오히려 "그렇게나 많이?"라고 놀랐다고 합니다. 왜 그랬을까요? 유일한은 평소에 이렇게 말했거든요.

"기업은 국가와 사회의 것이니 아무것도 기대하지 말아라."

손녀는 할아버지의 이러한 말을 귀에 못이 박이도록 듣고 자랐다고 해요.[3]

딸 유재라는 아버지의 뜻을 그대로 따랐어요. 물려받은 5천 평의 땅을 공원으로 만들어 학생들이 자유롭게 다닐 수 있게 했죠. 그리고 1991년, 그녀는 아버지를 따라 자신의 재산 205억 원을 모두 기부하고 세상을 떠났습니다.

유일한의 여동생 유순한은 한국에서 최초로 국제 적십자가 수여하는 나이팅게일 기장을 받은 간호사였습니다. 그녀 또한 퇴직할 때 받은 돈과 회사 주식을 모두 사회에 돌려주었습니다.

오늘날 유일한의 자손 중 유한양행에서 일하는 사람은 단 한 명도 없습니다. 유일한은 한국에서 처음으로 '소유가지는 것'와 '경영운영하는 것'을 분리했고, 그 소유마저 사회에 환원한 인물입니다.

기업을 창업하고, 대기업으로 성장시킨 뒤 그 모든 것을 아낌없이 사회에 돌려준 유일한. 그의 이런 정신은 어디에서 비롯된 것일까요?

홀로 미국 유학 길에 오른 아홉 살 소년의 성장기

유일한의 이야기는 그의 아버지 유기선으로부터 시작됩니다. 유기선은 경상북도 예천에서 평양으로 이사 와 사업을 시작했어요. 그는 부지런하고 사업 감각이 뛰어났죠. 덕분에 큰 성공을 거두어 세계적으로 유명한 '싱거' 재봉틀 대리점을 평양에 열고, 천을 만드는 공장도 운영하며 사업을 확장했습니다.

유기선은 큰돈을 벌었지만, 자녀들에게는 항상 절약하라고 가르쳤어요. "대동강 물도 아껴 마셔라"라고 말할 정도였죠. 하지만 독립운동을 돕는 데는 돈을 아끼지 않았습니다.

1895년 1월, 유기선에게 아들이 태어났어요. 이름은 유일형이라고 지었죠.

나중에 유일형은 미국 유학을 가서 유일한으로 이름을 바꿉니다. 미국 사람들이 '형'이라는 발음을 하기 어려워했거든요. 또 한편으로는, '한'이라는 글자를 이름에 넣음으로써 나라 독립에 대한 의지를 드러내려는 의도도 있었답니다.

어쩌다 어린아이 혼자 유학을 가게 되었을까?

당시 평양에는 많은 서양 선교사기독교를 전파하는 사람들이 드나들었어요. 유기선은 이들과 좋은 관계를 맺으며 서양 문명에 눈을 뜨게 됩니다.

1901년, 러시아와 일본의 전쟁이 터졌습니다. 유기선은 상인의 예리한 감각으로, 머지않아 일본이 우리나라를 침략할 것이라고 생각했죠.

그때 유기선은 선교사 친구로부터 중요한 소식을 들었어요. 대한제국에서 몇 명의 학생을 미국에 유학 보내려 한다는 것이었죠. 유기선은 아홉 살이 된 아들 유일한을 미국에 보내기로 결심했습니다. 그는 아내에게 이렇게 말했습니다.

"나라가 너무 혼란스러워. 여기 있다가는 아이들도 전쟁에 휘말리게 될 거야. 차라리 미국에 유학을 가서 새로운 문물을 배워 오면 조국에 큰 보탬이 될 테지."

하지만 아내는 아들이 너무 어리다며 강하게 반대했어요.

"이제 겨우 아홉 살이에요. 이대로 헤어지면 영영 볼 수 없을지도 몰라요. 절대로 보낼 수 없어요."

화가 난 아내는 아들을 데리고 친정으로 가버렸지만, 남편의 단호한 태도에 결국 미국 유학을 보내게 되었습니다. (이후 유기선은 아들, 딸 차별하지 않고 아홉 명의 자녀 모두를 외국으로 보냈답니다. 당시로는 파격적인 일이었죠.)

유학 길은 정말 험난했습니다. 유일한은 평양에서 서울까지 200킬로미터를 걸어갔고, 기차를 타고 인천 제물포에 도착했어요. 하지만 미국으로 바로 가는 배가 없어서 일본, 홍콩, 상하이, 하와이를 거쳐 한 달이 지나서야 미국 샌프란시스코에 도착할 수 있었어요.

샌프란시스코에서 유일한은 독립운동을 위해 미국에 온 박용만을 운명적으로 만나게 됩니다. 그는 유일한보다 9개월 먼저 미국에 와 있었죠. 그리고 그의 도움으로 터프트 자매의 가정에 머물게 되었습니다. 터프트 자매는 독실한 기독교 신자로, 유일한을 친자식처럼 돌봐주며 그에게 영어를 가르쳤습니다.

**유일한이 1928년에 낸 책
《한국에서의 내 어린시절》**
▶ QR코드를 스캔하면 책 속에 실린 19세기 후반 한국의 모습을 볼 수 있어요.

유일한의 학교에서 동양인은 단 한 명, 유일한뿐

이었어요. 친구들은 그를 동물원의 원숭이처럼 취급하며 심하게 놀렸습니다. 지금으로 치면 심각한 학교폭력이었죠.

그러나 유일한은 포기하지 않았습니다. 열심히 공부해 뛰어난 성적을 받았고, 시간이 지나면서 친구들과도 잘 어울려서 나중에는 인기를 얻었답니다.

이 모든 변화에는 터프트 자매의 헌신적인 보살핌이 큰 역할을 했다고 해요. 훗날 유일한은 그들의 은혜를 잊지 않고, 평생 동안 재정적 지원을 하며 보답했습니다.

소년병학교와 유일한의 꿈

1905년, 유일한이 미국에 도착했을 때는 을사늑약이 체결된 해였어요. 일본의 압박은 미국에까지 미치고 있었죠.

박용만은 일본의 주요 감시 대상이었어요. 하지만 그는 1909년 미국 네브래스카 주의 승인을 받아 '한인소년병학교'를 세웠습니다. 이 학교의 목적은 독립군을 키우는 것이었죠.

유일한은 이 학교의 1기생으로 입학해 3년 과정을 마쳤습니다. 1911년 4월 27일 자 〈신한민보〉에서는 이렇게 보도했어요.

한인소년병학교의
군사훈련 모습.

처음에는 농장에서
시작해, 이후 헤이
스팅스대학의 지원
을 받아 대학의
시설을 이용했어요.

출처 : 독립기념관

소년병학교의 군기를 꽂고 학도 13명을 모으니, 그중 나이가 열다섯
이 되지 않은 어린아이가 하나요, 오십 세가 넘는 늙은이 하나다.

여기서 가장 어린 학생이 바로 유일한이었어요. 소년병학교는
여름방학에만 열렸고, 학생들은 사격 같은 군사훈련을 받았어요.
그리고 독립을 위한 열띤 토론을 하면서 한국인으로서의 자부심
도 키웠습니다.

한인소년병학교는 유일한의 생각을 만드는 데 가장 큰 영향을
주었어요. 그때 유일한의 꿈은 독립군 사령관이 되어 나라를 되찾
는 것이었답니다.

세월이 흘러 유일한은 네브래스카 고등학교에 들어갔습니다.

그는 미식축구 선수로 활약하며 장학금을 받았고, 학교 웅변대회에서는 대표로 나가 미국 학생들을 제치고 우승까지 했어요.

그런데 대학 진학을 앞두고 아버지에게서 급한 편지가 도착했습니다.

"내 사업이 여의치 못하니, 고등학교를 졸업하면 한국에 와서 집안을 돌보길 바란다."

당시 아버지 유기선은 사업을 정리하고 북간도^{만주}로 이주해 독립운동을 하고 있었어요. 그래서 생활이 매우 어려웠죠.

유일한은 절망했어요. 아홉 살에 미국에 와서 온갖 고생을 다하고, 이제 막 대학에 가려는 순간이었거든요. 그는 담임 선생님에게 고민을 털어놓았어요. 선생님은 은행에서 100달러를 빌릴 수 있게 도와주었어요. 당시로는 정말 큰돈이었답니다. 유일한은 이 돈을 집으로 보내 위기를 넘겼습니다.

급한 불을 끈 후, 대학 입학은 1년 미룬 채 에디슨 발전기 회사에서 일했어요. 그렇게 선생님께 빌린 돈을 모두 갚았죠. 이후 미시간대학교 사범대학에 들어갔지만, 학비는 여전히 부담이었어요.

독립운동의 전초기지를 창업하다

그는 대학 학비를 마련하기 위해 고민하던 중, 독특한 사업 아이디어를 떠올렸어요. 그 지역에는 중국인들이 많이 살고 있었는데, 분명히 고향을 그리워할 것이라고 생각했죠. 그래서 중국 물건을 사서 팔기로 했습니다.

예상은 딱 맞았어요. 사업은 잘 되어서 나중에는 직원까지 고용할 수 있게 되었습니다. 이 일을 통해 유일한은 학비와 생활비를 벌 수 있었고, 사업가로서의 자신감도 얻었답니다.

미시간대학교에서 2년간 사범대학을 다닌 후, 유일한은 경영학과로 옮겨 체계적으로 경영을 공부했어요. 그리고 1919년에 대학을 졸업했습니다.

그 해, 한국에서는 3·1 운동이 일어났어요. 이 소식은 미국에까지 전해졌죠. 유일한은 이승만, 서재필과 함께 필라델피아에서 한인자유대회를 열었어요. 결의문도 직접 쓰고 낭독했습니다.

유일한은 결의문을 낭독하고 마지막으로 외쳤습니다.

"우리 모두, 우리에게 생명이 남아 있는 한 최선의 노력으로
이 중요한 점들을 실행할 것을 신성한 말로 서약합시다!"

그날 대회는 매우 성공적이었어요. 200여 명의 한국인뿐 아니
라 수천 명의 미국인과 상원의원까지 참여했죠. 이 일은 미국 사
회에 큰 영향을 주었어요.

하지만 유일한은 깊은 고민에 빠졌어요. 그는 당시 세계적인
기업 GE제너럴일렉트릭에서 회계사로 일하고 있었어요. 생활은 안
정적이었지만, 독립운동에 자금을 지원하기에는 턱없이 부족했
습니다.

독립기념관까지 행진 후(위)
미국 독립기념관 앞에
도착하여 태극기를 펼친
한인자유대회 참가자들
(아래)의 모습.
출처 : 독립기념관

　　결국 유일한은 1년 만에 과감히 회사를 그만뒀어요. 회사에서
는 그의 능력을 인정해 홍콩지부장 자리까지 제안했지만, 그는 흔
들리지 않았어요. 유일한에게는 큰 꿈이 있었거든요. 사업을 크게
일으켜서 독립운동가들을 돕는 것이었죠.

　　당시 많은 독립운동가가 있었지만, 자금이 늘 부족했어요. 체
계적이고 지속적인 독립운동이 어려웠던 거예요. 더구나 일본의
약탈과 감시가 점점 심해져서 독립자금은 더욱 부족해졌어요.

유일한은 사업 아이템을 절실하게 찾아 나섰어요. 그러던 중, 미국인들이 중국집에서 만두 속의 숙주나물을 먹고는 그 맛을 잊지 못하는 모습을 보았습니다. 여기서 그는 사업 기회를 발견했어요!

당시 미국에는 중국 이민자들이 빠르게 늘어나고 있었습니다. 중국 음식에는 숙주나물이 꼭 필요했죠. 하지만 미국에서는 숙주를 재배하지 않았어요. 구하기가 어려우니 비쌀 수밖에요.

사실 숙주나물을 키우는 건 간단했어요. 녹두콩에 물을 주면 자라났거든요. 문제는 숙주나물이 너무 빨리 상한다는 거였어요.

유일한은 생각했습니다.

'보관 문제를 해결하고, 상하지 않게 대량으로 숙주를 공급하면 성공할 수 있지 않을까?'

그는 곧장 '라초이'라는 회사를 세웠습니다. 처음에는 집 욕조에서 숙주를 키워 유리병에 담아 팔았어요. 하지만 곧 문제가 생겼어요. 배달할 때 유리병이 자주 깨졌고, 주문은 점점 늘어나 감당하기 힘들어진 거예요.

유일한은 유리병 대신 캔에 숙주를 담아 팔기로 했어요. 더 많은 숙주를 만들려면 공장이 필요했죠. 자금을 구하기 위해 미시간

대학교 교수님을 찾아갔어요. 교수님은 유일한의 사업을 믿고 은행에서 1만 달러를 빌릴 수 있게 도와주었습니다.

하지만 그 돈만으로는 부족했어요. 유일한은 대학 친구 월리 스미스를 찾아갔습니다. 월리는 이미 식품체인점을 성공적으로 운영하고 있었어요. 유일한의 사업 계획을 들은 월리는 과감하게 동업을 하기로 했죠.

1924년, 세상에 없던 '숙주 통조림'은 등장과 동시에 폭발적인 대성공을 거두었습니다. 매출은 순식간에 100만 달러를 넘었어요. 라초이는 간장, 국수 등 다양한 중국 식재료를 파는 종합식품 회사로 성장했답니다.

유일한은 자신의 계획대로 라초이를 단순한 회사 이상으로 키웠어요. 독립운동가들을 직원으로 고용했죠. 정한경 같은 독립운동가들은 마치 영업을 다니는 듯 가장하여 독립운동을 계속할 수 있었어요.

또한, 유일한은 공부하는 한국 학생들에게 아르바이트 자리를 주어 학비도 벌 수 있

1920년대 판매되었던 라초이 숙주 통조림

게 했어요. 이렇게 라초이는 숙주나물로 독립운동을 돕는 중요한 거점이 되었답니다.

성공을 눈앞에 두고 귀국을 결심하다

유일한은 라초이가 크게 성장하자, 숙주나물의 원재료인 녹두콩을 대량으로 수입하기 위해 한국을 찾았어요. 20년 만의 귀국이었죠. 미국에서 성공한 기업가이자 독립운동가로 유명했던 그의 귀국에 많은 사람이 관심을 보였어요.

하지만 유일한은 오히려 절망에 빠졌어요. 오랜만에 본 한국의 모습은 마치 죽음을 앞둔 환자 같았거든요. 일본은 한국에서 만드는 거의 모든 것을 빼앗아 갔어요. 동포들은 가벼운 병에도 목숨을 잃고 있었죠.

북간도에서 아버지를 만났을 때, 유일한은 더 큰 충격을 받았습니다. 아버지가 뼈아픈 말씀을 던졌거든요.

"콩나물 장사하러 미국에 유학을 간 거냐?"

먼 이국땅에서 목숨을 걸고 독립운동을 하던 아버지의 말씀,

그리고 가벼운 질병에도 죽어가는 동포들의 모습이 유일한의 가슴을 아프게 후벼 팠습니다.

그 비참한 상황은 미국으로 돌아간 후에도 잊히지 않았고 그를 괴롭혔어요. 마침내 유일한은 큰 결심을 했습니다.

'라초이 회사의 지분을 팔아서 제약회사를 세워야겠다. 미국의 좋은 약을 싸게 들여와 병든 동포들을 살리자!'

유일한은 제약회사를 설립하고 독립운동을 돕기 위해 '류한주식회사'를 만들었어요. 독립운동가 서재필을 사장으로 뽑았고, 다른 독립운동가들도 직원으로 고용해 생활비와 자금을 지원했죠.

2년 뒤, 유일한은 모든 준비를 마쳤어요. 동업자 월리 스미스에게 말했습니다.

"그동안 고마웠어, 스미스. 나를 믿고 큰돈을 투자해 줘서 라초이를 성공시켰어. 난 한국으로 돌아가 죽어가고 있는 동포들을 살리는 제약회사를 세울 거야. 라초이는 네가 맡아줘."

"안 돼! 곧 라초이는 대기업이 될 거야. 우리는 억만장자가 될 수 있다고. 왜 이런 성공을 포기하는 거야?"

스미스는 반대했지만, 유일한의 결심은 확고했어요.

"이게 나의 소명이야, 스미스."

스미스는 유일한의 간절한 눈빛에 두 손을 들고 말았습니다.

유일한은 25만 달러를 받고 라초이의 지분을 모두 넘겼어요. 이 돈은 엄청난 금액이었어요. 당시 서울의 큰집 1천 채를 살 수 있을 정도였답니다.

그 후 라초이는 어떻게 됐을까요? 100년이 넘는 지금까지도 미국의 대표적인 중국식품 브랜드로 성공하고 있답니다. 미국에

잠깐!

독립운동가이자 정치 혁명가였던 서재필

서재필은 조선 말기 개혁을 꿈꾸며 갑신정변에 참여했어요. 실패 후 미국으로 망명해 의사가 되었고, 한국 최초의 민간신문 '독립신문'을 만들어 독립과 민주주의를 알렸죠. 1919년에는 필라델피아 한인자유대회를 이끌며 대한민국 임시정부를 지지했습니다.

유일한은 '류한주식회사'를 만들어 서재필을 사장으로 임명하고 독립운동 자금을 지원했어요. 이후에도 두 사람은 독립운동의 동지로 함께 활동했죠. 서재필은 1951년 미국에서 88세로, 유일한은 1971년 76세로 세상을 떠났습니다.

서는 중국 음식 하면 라초이를 떠올릴 정도예요.

유일한이 귀국을 앞둔 무렵, 그는 미국에서 첫 소아과 여의사가 된 중국계 미국인 호미리미국이름 메리 우와 막 결혼한 참이었어요.

어느 날 서재필이 유일한을 부르더니, 의미 있는 선물을 건넸어어요. 이름에 '버들 유柳' 자를 쓰는 유일한을 위해 특별한 버드나무 조각을 만들었던 거예요.

"자네가 만드는 회사가 버드나무처럼 번성하길 바라네. 우리 동포들이 버드나무 품 속에서 건강하고 편안하게 쉬는 날이 하루 빨리 왔으면 좋겠어."

그렇게 버드나무는 유한양행의 로고가 되었습니다.

한국 1호 사회적 기업이 되다

유일한은 1926년 12월 10일, 미국에서 유한양행을 창립했습니다. 회사 이름에는 특별한 뜻이 있었어요. 유일한의 조카 유승흠은 그 의미를 이렇게 설명했어요.

"유일한의 이름에서 '유한柳韓'을 따오고, 오대양 바다를 건너 세계로 진출한다는 의미의 '양행洋行'을 붙여서 유한양행으로 지었습니다."

유일한이 수많은 미국 약품을 배에 싣고 들어오자, 세관 공무원들은 깜짝 놀랐어요. 이렇게 많은 미국 약품을 처음 봤거든요. 그들은 조선총독부에 이 사실을 알리고 약품 통과를 막았습니다.

그때부터 일본은 유일한을 주목하기 시작했어요. 그의 모든 행동을 감시했죠. 하지만 유일한은 포기하지 않았어요. 부인과 함께 한국 국적을 받았고, 약사 나찬수와 세관원 예동식의 도움으로 약품을 들여올 수 있었답니다.

유한양행은 종로 덕원빌딩에 자리를 잡았고, 부인 호미리는 바로 위층에서 병원을 열었습니다. 그리고 유일한은 기업의 비전과 목표가 담긴 사훈을 정했어요.

첫째, 국민의 건강을 위해 일한다.

둘째, 우리 민족은 일본 민족보다 절대 못하지 않다. 민족의 자부심을 가지고 일한다.

셋째, 유한은 개인이 아닌 사회를 위한다. 이를 통해 경제 수준을 높인다.

하지만 현실은 만만치 않았어요. 당시 조선의 약품 시장은 일본 기업과 상인들이 거의 다 차지하고 있었거든요. 새로운 판매망을 만드는 게 쉽지 않았죠.

유일한은 지혜롭게 해결책을 찾았어요. 일본의 영향이 덜한 곳을 골랐죠. 선교사들이 세운 대학과 병원을 중심으로 약품을 팔기 시작했어요. 그리고 한국인이 운영하는 약국과도 거래하면서 조금씩 시장에 자리를 잡아갔답니다.

시대를 앞서나간 광고의 시작

이와 함께 신문에 독특한 방식으로 유한양행을 알렸어요. 한 번에 다 보여주지 않고 사람들의 궁금증을 키우는 광고를 했죠. 이런 방식을 '티저 광고'라고 해요.

첫 번째 광고에는 물음표 안에 버드나무 그림만 넣었어요.

두 번째 광고에서 유한양행이 어떤 회사인지 알렸죠.

마지막 광고에서 약품을 소개했어요.

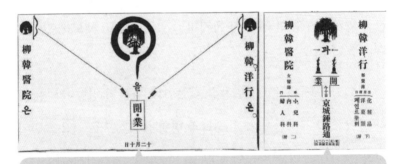

1927년 12월 9일과 10일, 동아일보에 실린 티저 광고.
첫 번째 광고에는 '유한의원은왼쪽, 유한양행은오른쪽 ?물음표을 개업
-12월 10일'이라고 쓰여있어요.
두 번째 광고에서는 '유한의원은 부인과, 내과, 소아과를 진료하는
여의사왼쪽 / 유한양행은 페인트, 화장품, 서양과자류 등을 판매하는
도매상오른쪽'이라 소개하며 '오늘 경성 종로통에서 개업가운데'이라고
광고했습니다. 출처 : 네이버 뉴스 라이브러리

이렇게 사람들의 관심을 차근차근 끌어가는 방식은 한국 최초의 티저 광고로 기록되었답니다. 유일한의 혁신적인 생각을 엿볼 수 있는 부분이죠.

특별한 건 또 있었어요. 유일한은 광고에서 약을 직접 홍보하지 않았어요. 사람들이 무분별하게 약을 사서 먹을까 봐 걱정됐기 때문이에요. 당시 다른 제약회사들은 자기네 약이 모든 병을 낫게 한다며 과대광고를 했어요. 이 때문에 많은 사람이 피해를 봤죠.

이 같은 약물 오남용을 줄이기 위해, 유일한은 약을 올바르게 먹는 법을 알리는 캠페인을 꾸준히 했어요. 이런 활동을 지금은 기업의 사회적 책임CSR, Corporate Social Responsibility이라고 부른답니다. 요즘도 CSR은 소수 기업만 하는 걸 보면, 유일한이 얼마나 앞선 생각을 했는지 알 수 있어요.

한밤의 긴급 구조

유한양행은 정직하게 경영하면서 점점 커졌어요. 중국 시장에도 진출할 만큼 성장했죠. 그런데 어느 날, 전항섭이라는 직원이 중국 출장을 다녀와서 유일한에게 말했어요.

"사장님, 중국에서는 마약 성분을 넣은 약이 아주 잘 팔리고 있었습니다. 우리도 한번 해보면 어떨까요?"

유일한은 단호하게 대답했어요.

"나는 아픈 동포를 돕고 사회에 좋은 일을 하려고 약을 만드는 거야. 처음부터 지금까지, 그리고 앞으로도 그 마음은 변하지 않을 거야. 어떻게 동포에게 해로운 약을 만들자고 할 수 있지? 내가 그동안 자네에게 가르친 건 이런 게 아니었네."

전항섭은 자신의 잘못을 깊이 반성하고 사과했습니다. 유일한은 그를 용서했고, 전항섭은 계속 회사에서 일할 수 있었어요.

어느 날 밤, 유한양행에 다급한 전화가 걸려왔어요. 당직 중이던 직원 홍병규가 받았죠.

"여기 황해도 해주도립병원입니다. 맹장수술 환자가 혈청주사약이 없어 위험한 상태예요. 경의선 기차가 지날 때 약을 좀 던져주실 수 있을까요?"

홍병규는 고민에 빠졌어요. '허락 없이 약 창고를 열면 안 된다'는 규칙이 있었거든요. 하지만 사람 목숨이 먼저라고 생각했죠. 약을 꺼내서 깨지지 않게 잘 포장하고, 서울역으로 달려갔어요.

출발을 앞둔 기차 기관사에게 상황을 설명하자 "내가 잘 던져

주겠소"라며 흔쾌히 돕겠다고 했어요. 덕분에 병원 직원은 약을 안전하게 받았고, 환자는 목숨을 건질 수 있었답니다.

다음 날, 홍병규는 걱정되는 마음으로 이 일을 유일한에게 보고했어요. 그런데 유일한은 오히려 기뻐하며 말했습니다.

"자네! 어떻게 그런 기특한 생각을 했나? 이제 이 방법으로 지방까지 빠르게 약을 배달할 수 있겠어."

이 일이 있고 나서 유일한은 철도청과 협약을 맺었어요. 전국 어디서든 긴급하게 약이 필요하면 기차로 보내주는 체계를 만든 거예요. 이 덕분에 많은 사람의 생명을 살릴 수 있었습니다.

목숨을 살리는 것은 약이지만, 인생을 살리는 건 교육이다

유일한은 유한양행으로 많은 생명을 살렸지만, 사람을 근본적으로 살리는 것은 교육이라고 믿었어요. 그래서 명함에 '에듀케이터Educator'라고 써넣을 만큼 교육에 대한 열정이 컸습니다.

그는 이렇게 말했어요.[4]

"국가, 교육, 기업, 가정 중에서 나는 국가와 교육을 가장 중요하게 생각합니다. 한국에 와보니 청년들이 가장 안타까웠어요. 공부를 잘해도 돈이 없어서 학교를 못 가는 경우가 많았거든요."

6·25 전쟁이 끝난 뒤, 유일한은 새로운 나라를 만들려면 교육이 가장 중요하다고 생각했어요. 1952년 12월, 자기 돈을 들여 고려공과기술학교지금의 유한공업고등학교를 세웠습니다. 모든 교육을 무료로 했기에 가난하지만 공부 잘하는 학생들이 많이 모였어요.

1966년에는 유한중학교도 세웠는데, 이 학교는 나중에 유한대학교가 되었답니다.

유일한은 학생들을 만나는 걸 가장 좋아했다고 해요. 하지만 공부에 방해될까 봐 쉬는 시간이나 점심시간에만 학교에 갔죠. 매년 졸업식에도 빠지지 않고 참석했습니다.

1970년에는 몸이 많이 아픈데도 불구하고, 마지막으로 유한공고 졸업식에 참석해 학생들을 축하해 주었답니다. 그가 세상을 떠나기 불과 1년 전이었지요. 그가 마지막으로 참여한 공식행사이기도 했어요.

이날 유일한의 축사를 한번 같이 읽어볼까요?

사랑하는 학생 여러분, 졸업을 축하합니다. 내가 미국에서 보니까 기술이 있는 사람은 잘살고 기술이 없는 사람은 잘살지 못했습니다.

그런데 기술자가 되려면 우선 자기가 하는 일에 흥미를 가지고 열심히, 그리고 정확하게 일해야 합니다. 작은 기술이라도 성의를 다하면 그 기술은 점점 발전하게 되고 그래야만 남으로부터 인정받게 됩니다.

여러분은 여기서 배운 것에 만족하지 말고, 더욱 열심히 배우고 연구해서 우리나라의 기술이 세계 수준을 능가하도록 노력하여 주십시오.

첫 국산 의약품에서부터 항암제까지

유일한은 한국에서 직접 약을 만들고 싶었어요. 좋은 약을 개발해 국민들에게 저렴한 가격으로 제공하는 것이 그의 꿈이었습니다. 의사인 아내와 함께 첫 번째 개발 약으로 소염진통제를 선택했어요. 당시 한국에는 국산 소염진통제가 없어서, 국민들에게 이 약이 절실했죠.

1933년, 유일한과 부인 호미리는 오랜 연구 끝에 '안티푸라민'이라는 소염진통연고를 개발했어요. 이름의 뜻이 기발한데요, 안티푸라민은 '반대'라는 뜻의 안티anti에 '염증을 일으키다'는 뜻의 인플레임inflame을 쉬운 발음으로 바꾼 거예요. 말 그대로 '염증을 없애는 약 소염제'이 브랜드가 된 셈이죠.

처음으로 직접 만든 이 약이 큰 성공을 거두면서, 유한양행은 새로운 약을 개발하는 회사로 발전하게 되었어요.

옛날 안티푸라민은 이렇게 생겼었어요

출처 : 공공누리, 부평역사박물관 소장

저렴한 가격에 출시된 안티푸라민은 그야말로 날개 돋친 듯 팔렸습니다. 금세 한국인의 가정상비약 1호가 되었죠. 유일한은 더 좋은 약을 만들기로 결심했어요. 1934년에는 미국, 독일 등 선진국의 제약 공장을 둘러보고 뛰어난 해외 인재들도 초청했답니다.

그리고 부천 소사에 2만 평의 땅을 사서 제약 연구소와 공장을 세웠어요. 당시로서는 매우 특별했던 직원 복지 시설도 만들었습니다. 공장 옆에 기숙사, 수영장, 운동장, 교육장 등을 지어 직원들이 좋은 환경에서 일할 수 있게 했어요.

1939년, 마침내 국내 최대 규모의 제약공장이 완성되었어요. 유일한은 이 공장에서 다양한 약을 개발하고 생산했습니다. 특히 병원균을 없애는 'GU사이드' 같은 혁신적인 약품으로 큰 성공을 거뒀어요. 유한양행은 해외 지사도 10곳 이상 설치하며 세계로 뻗어나갔고, 수백 종의 다양한 약품을 만들며 국내외에서 크게 성장했습니다.

신뢰는 눈앞의 이익과 바꿀 수 없는 것

"당장 생산 라인을 멈추세요!"

유일한은 매일 공장을 둘러보며 약품 제조 과정을 꼼꼼히 살폈어요. 원료가 정확하게 들어가는지, 품질은 우수한지 직접 확인했죠. 그러던 어느 날, 갑자기 생산라인을 중단하라고 지시했어요.

"무슨 일입니까? 사장님."

"비타민에 들어가는 원료가 떨어졌는데 계속 생산을 하면 어떡합니까?"

"그 성분은 안 들어가도 제품에는 거의 영향이 없습니다. 지금 생산라인을 세우면 다시 가동하는 데 시간도 오래 걸리고, 손해도 큽니다, 사장님."

그러나 유일한은 단호했습니다.

"기업의 생명은 신용입니다. 이런 일은 유한양행의 생명을 끊는 일이고, 국민을 속이는 일이란 걸 왜 몰라요. 당장 중단해요!"

결국 생산은 멈췄고, 원료가 새로 들어온 뒤에야 다시 시작되었어요. 유일한은 직원들에게 정직함과 올바른 직업관을 늘 강조했어요. 유한양행이 나아가야 할 바른길을 가르쳐 준 것입니다.

시간이 흐르면서 직원들은 유일한의 가치관을 점점 더 이해하고 따르게 되었어요. '유일한의 정신'은 곧 '유한양행 직원이 추구하는 정신'이 되어 지금까지도 유한양행을 빛나게 하고 있답니다.

90년 만에 이룬 큰 성과

유한양행은 1933년에 첫 국산 신약 안티푸라민을 개발한 이후, 2024년에는 31번째 국산 신약인 폐암 치료제 '렉라자'를 내놓았습니다.

2015년부터 개발을 시작한 렉라자는 10년이 넘는 연구 끝에 미국 식품의약국FDA로부터 판매 승인을 받았어요. FDA 승인을 받는 것은 전 세계 시장에서 약을 판매할 수 있다는 의미예요. 세계 시장 진출을 위해 꼭 필요한 과정이죠. 렉라자는 국산 항암제 중 최초로 FDA 품목 허가를 받은 약이라는 점에서 큰 의미가 있습니다.

2018년, 유한양행은 글로벌 제약사 얀센과 1조 6천억 원 규모의 계약을 맺었어요. 렉라자의 개발과 판매 권리를 얀센에 넘기는 대신, 약이 팔리면 매년 최대 3천억 원의 로열티를 받게 된 거예요.

조욱제 유한양행 사장은 렉라자 개발 후 이렇게 말했습니다.

"가장 좋은 상품을 만들어 국가와 동포에게 도움을 주자는 창업자 정신을 지키기 위해 노력한 결과물이에요. 렉라자로 전 세계의 폐암 환자들에게 도움을 줄 수 있게 됐어요. 유한양행은 사기업이지만 공기업처럼 사회 발전에 이바지하기 위해 노력하겠습니다."[5]

유한양행은 렉라자가 병원에서 처방될 때까지 폐암 환자들에게 무료로 약을 지원하기로 했어요. 2024년 1월부터는 의료보험이 적용되어 많은 폐암 환자들이 더 쉽게 약을 구할 수 있게 되었답니다.

누구나 최고경영자가 될 수 있어!

"회사는 직원과 사회의 것이다."

1936년, 유일한은 자신의 이런 신념을 실현하기 위해 '종업원 주주제'를 실행합니다. 개인회사를 주식회사로 바꾸면서, 우리나라 최초로 직원들에게 주식을 나눠준 거예요. 직원들은 회사에 기여한 만큼 주식을 받았고, 가격 또한 보통 주식의 10분의 1로 아주 저렴하게 책정되어서 부담 없이 주식을 살 수 있었어요.

당시 다른 기업들은 충격을 받을 정도로 파격적인 일이었지만, 정작 유한양행 직원들은 별로 놀라지 않았어요. 평소에 유일한이 강조하던 말을 실천에 옮겼을 뿐이었거든요. 당시 주식을 받았던 홍병규 직원은 이렇게 회상했습니다.

"나는 그때 25주를 받았습니다. 내가 그때 월급이 18원이었는데, 주식 25주는 천 원 정도 되었죠. 사장님은 '회사는 어디까지나 사회와 국가의 것이지 유일한의 것이 아니다'라는 말씀을 늘 강조하셨어요."[6]

유일한은 유한양행이 자신의 회사가 아닌, 직원과 사회의 것이 되길 바랐어요. 직원들은 싼 값에 주식을 사서 회사의 주인이 되었고, '나도 회사의 주인이다'라는 생각을 갖게 되었죠. 이 신념은 유한양행만의 특별한 문화를 만들어냈습니다.

- 누구나 성과를 내면 최고경영자가 될 수 있는 공정한 인사제도
- 직원 교육에 아낌없이 투자하는 인재육성
- 기술개발로 성과를 내는 기술경영
- 불공정한 일은 직원 스스로 거부하는 직업윤리
- 회사를 사랑하는 마음
- 노사분규가 전혀 없는 화목한 분위기
- 높은 직원 만족도와 낮은 이직률

잠깐!

종업원 주주제란?

종업원 주주제는 회사의 직원들이 주식을 소유할 수 있게 해주는 제도예요. 직원들은 자신이 일하는 회사의 일부를 소유하게 되어, 회사가 잘 되면 그 혜택을 함께 누릴 수 있어요. 덕분에 직원들은 더 큰 자부심을 가지고 일하게 되고, 이는 회사 발전에도 큰 도움이 됩니다.

유일한은 직원들에게 모든 것을 주었기에, 그로부터 모든 것을 얻을 수 있었습니다. 진정한 꿈의 직장을 만들어낸 것이죠.

어느 날 유일한이 자사 약품을 사려고 직원에게 가격을 물어보았어요.

"사장님이신데 그냥 가져가셔도 됩니다."

그 직원은 유일한에게 크게 혼이 났답니다. 유일한은 회사 돈으로 써도 되는 후원금과 장학금조차 자신의 돈으로 냈어요. 자신이 만든 회사였지만, 개인과 회사를 철저히 구분했던 거죠.

주식을 국민에게

1962년, 유한양행이 주식시장에 상장될 때였어요. 유일한은 기업의 소유권을 사회와 직원들에게 완전히 넘기고자 했습니다.

"유한양행 주식을 국민 누구나 살 수 있도록 액면가 100원에 팝시다."

거의 모든 임원이 반대했습니다.

"지금 유한양행 주식의 액면가는 100원이지만, 시세는 600원이 넘습니다. 600원에 상장하는 게 어떻습니까?"

그러나 유일한은 단호했습니다.

"국민 누구나 투자할 기회를 줘서 사회적으로 운영되는 회사를 만드는 데 목적이 있지, 이걸로 돈을 불리려는 생각은 잘못된 생각입니다."

결국 유한양행의 주식은 액면가 100원에 판매되었습니다. 당시 대부분의 기업들은 상장할 때 비싼 가격에 주식을 팔아 자금을 모았지만, 유일한은 달랐습니다. 그는 주식이 사회적 가치를 실현하는 수단으로 사용되길 원했던 것이죠.

그리고 1963년, 유일한은 연세대학교에 1만 2천 주를 기증하면서 주식 기부를 시작했어요. 이후 여러 공익재단에 계속해서 주식을 기증했고, 1971년에는 유언을 통해 남은 주식을 모두 기증했습니다.

그가 기증한 주식은 당시 유한양행 전체 주식의 40퍼센트에 달하는 양이었죠. 현재 가치로 환산하면 무려 4조 원이 넘는 엄청난 금액입니다.

아들 대신 전문경영인을 선택하다

오늘날 유한양행은 유한학원과 유한재단 같은 비영리법인이 절반 이상의 지분을 가지고 있어요. 유일한의 계획대로 회사는 창업자의 가족이 아닌, 사회가 함께 소유하는 기업이 된 거죠.

1966년, 유일한의 건강이 나빠지자 회사는 후계자 문제를 논의하게 되었어요. 그래서 미국에서 변호사로 일하던 아들 유일선을 불렀습니다.

유일선은 정말 유능한 경영자였어요. IBM의 전자자료처리 시스템을 한국에 처음 들여왔고, 세계적인 제지회사인 킴벌리도 한국에 유치하는 등 많은 성과를 냈죠.

하지만 유일한은 3년 만에 아들을 다시 미국으로 보내기로 했어요. 그것은 아들과 회사, 모두를 위한 가슴 아픈 결정이었어요.

사실 아버지와 아들은 너무 달랐어요.

유일한에게 기업경영은 애국을 위한 일이었지만, 세 살에 서울을 떠나 중국인 어머니와 미국에서 자란 유일선은 달랐죠. 그에게는 동포애나 애국심보다 합리성과 능률이 더 중요했어요. 이런

경영방식은 직원들의 불평을 사기도 했습니다.[7]

결국 유일한은 가장 유능한 회사 직원을 골라 경영권을 넘겼어요. 한국 최초의 전문경영인이 탄생한 순간이었죠. 유한양행은 지금까지도 이 전통을 이어오고 있답니다.

은퇴하기 전, 유일한은 유한양행에서 일하는 친인척들을 모두 내보냈어요. 그리고 직원들에게 이렇게 말했습니다.

"내가 살아있을 때 다 정리하고 나가야 유한양행이 영원히 전문경영인 체제로 운영되는 거야!"

각하! 유한양행은 다릅니다

유일한은 독립운동가 시절 이승만에게 독립자금을 지원했어요. 하지만 이승만이 대통령이 된 후에는 지원을 끊었습니다. 독립운동과 정치 활동을 확실히 구분했던 거예요.

이승만 정권은 유한양행에 정치자금을 요구했으나, 유일한은 단호하게 거절했어요. 화가 난 정부는 1959년에 유한양행 사장 등 3명을 탈세 혐의로 구속하고, 회사를 뒤졌답니다. 쓰레기통까지 뒤져가며 서류를 찾았어요.

그러나 유일한에게 탈세는 있을 수 없는 일이었죠. 평소 그는 이렇게 말하곤 했거든요.

"불이 났을 때 소방서에 불을 꺼달라는 요구가 국민의 권리라면, 소방차를 살 돈을 내는 일이 바로 납세의 의무이다."

결국 아무것도 찾지 못한 정부는 은행에서 유한양행의 돈을 강제로 빼가는 황당한 일까지 저질렀어요.

몇 년 뒤인 1961년, 박정희 정권이 들어섰습니다. 새 정부는 산업화를 적극적으로 추진했고, 그에 따라 수많은 기업이 생겨났어요.

그런데 대부분의 기업은 세금을 제대로 내지 않았답니다. 매출이 1억 원이면 1천만 원만 장부에 쓰고, 내야 할 세금의 10퍼센트만 냈던 거예요.

정부는 특별세무조사팀을 만들어 예고도 없이 기업을 찾아갔어요. 조사받은 기업 중 한 곳도 처벌을 피하지 못할 정도로 강도 높은 조사가 이루어졌습니다.

유한양행에도 24명이나 되는 조사단이 찾아와 한 달 동안 꼼꼼히 조사했어요. 당시 세무조사팀장 김만태는 이렇게 말했습니다.

"조사를 시작하고 하루 지나고, 일주일 지나고, 2주일 지나고, 3주일이 지나도 내가 위에 보고할 게 안 나왔어요. 내가 팀장이었는데 고민에 빠진 거예요. '무슨 한국에 이런 업체가 있나?' 싶은 생각이 들었죠." [8]

세무조사가 끝나고 유일한은 모범납세자로 선정되어, 박정희 대통령에게 '동탑산업훈장'을 받았습니다.

24년 만에 밝혀진 놀라운 비밀

1971년 3월 11일, 유일한은 세상을 떠났어요. 그로부터 24년이 지난 뒤, 미국 CIA중앙정보국에서 놀라운 비밀이 공개되었습니다.

냅코 프로젝트NAPKO PROJECT는 미국이 일본을 공격하기 전에 한국 내 일본군을 무력화하기 위해 극비리에 추진한 특수작전이었어요. 낙하산이나 잠수함을 타고 한반도에 들어가 일본군을 교란하고 파괴하는 작전이었죠.

이 작전은 매우 위험했어요. 투입된 요원의 70퍼센트 이상이 목숨을 잃을 것으로 예상되어, 미국인 대신 한국인으로만 요원을 뽑았을 정도였어요.

그런데 CIA의 문서가 공개되며, 유일한이 독립을 위해 이 작전에 자원했다는 사실이 드러난 거예요.

당시 그는 이미 성공한 대기업 회장이었지만, 자신이 죽을 수도 있다는 걸 알면서도 기꺼이 참여하고자 했어요. 그는 기업인인 동시에, 뼛속 깊이 진정한 독립운동가였던 것입니다. 다만 일본의 감시가 심해서 자신의 정체를 숨기고 조용히 활동했죠.

미국 CIA 기밀문서 : 냅코 프로젝트

미국 CIA가 공개한 문서에는 '냅코 프로젝트'에 대한 자세한 내용이 담겨 있습니다.

이 작전은 태평양전쟁 당시1944-1945년 OSS미육군전략정보국가 한반도에 비밀요원을 보내려 했던 계획이었어요. 낙하산이나 잠수함으로 한반도에 들어가 정보를 모으고 거점을 확보하는 것이 목적이었죠.

미국에 사는 민간인, 군인, 포로수용소에 있던 한국인, 버마에서 탈출한 학병 등 19명의 한국인이 이 작전에 참여했어요.

그런데 1944년 11월, 작전 기획자 아이플러가 쓴 명단에 유일한의 이름이 있었던 거예요. CIA 문서는 유일한을 이렇게 설명했답니다.

"암호명 A로 불린 그는 50세의 한국인이었다. 어린 시절 미국에 와서 공부했고, 1927년부터 한국에서 사업을 했다. 그는 열렬한 애국자였으며, 회사 지부를 전략적으로 중요한 도시에 세웠다. 간부들도 모두 애국심 깊은 친척과 친구들로 채웠다."

특히 놀라운 건, 유일한이 자신의 사업 조직을 독립운동에 기꺼이 활용하겠다고 했다는 거예요.

OSS는 그를 매우 신뢰했고, 팀의 고문으로 임명했답니다. 필요하다면 직접 한국에 잠입할 계획도 있었어요.

1945년 1월 6일, 유일한은 입대했고, 2월부터 캘리포니아의 특수훈련소에서 훈련을 받았습니다.

(참고: OSS는 1947년에 CIA로 바뀌었습니다.)

CIA 문서를 통해 또 다른 놀라운 사실 또한 밝혀졌어요.

유일한은 유한양행을 독립운동본부로 활용했습니다. 국내외 지부에 독립운동가를 직원으로 고용했고, 회사 지부는 그 지역의 독립운동 기지가 되었죠. 이런 방식은 처음이 아니었어요. 이전에 미국에서 라초이를 창업했을 때도 독립운동가를 직원으로 고용해 독립운동을 펼쳤었죠.

게다가 그는 쉰 살의 나이에 낙하산 등 고강도 특수 훈련을 받았다고 합니다. 실제 침투 작전을 앞두고 있었지만, 1945년 8월 15일, 일본이 패망하면서 임무는 끝이 났답니다.

이 비밀은 50년 동안 CIA의 캐비닛 속에 묻혀있다가, 1995년에야 세상에 공개되었어요. 만약 CIA가 이 비밀을 공개하지 않았다면, 우리는 유일한을 그저 기업가로만 기억했을 거예요.

첩보원이 된 회장님

그런데 유일한은 어떻게 첩보요원이 되었을까요? 당시 유일한의 행적을 따라가 보겠습니다.

1936년, 일본 육군대장 미나미 지로가 조선총독으로 부임했어요. 그는 한국인의 이름을 일본 이름으로 바꾸는 '창씨개명'을 강요했고, 한국어 사용도 금지했답니다. 유일한에 대한 경찰들의 감시도 더욱 심해졌어요.

감시를 피해 미국으로 간 유일한은 OSS미국전략정보국, 오늘날 CIA 요원과 접촉했어요. 철저한 검증을 거친 후, 한국인 최초의 OSS 첩보요원으로 선발되었습니다.

잠깐!

일본은 왜 창씨개명을 시행했을까?

창씨개명은 1939년에 시작된 일제의 정책이에요. 조선인의 성과 이름을 일본식으로 바꾸게 한 거죠. '김'씨는 '가네다', '이'씨는 '하야시'처럼 성을 바꿔야 했어요.

일본은 왜 이렇게 했을까요? 우리의 이름을 빼앗아 한국인의 정체성을 지우고, 일본인으로 만들려고 했던 거예요. 창씨개명을 하지 않으면 자녀들은 학교에 다닐 수 없었고, 취직도 할 수 없었어요. 심지어 배급받는 쌀의 양도 줄였답니다. 이런 강압에 많은 한국인이 어쩔 수 없이 이름을 바꿨지만, 끝까지 거부하며 저항한 사람들도 있었어요.

이처럼 창씨개명은 우리 민족의 혼을 빼앗으려 한 일제의 가장 악랄한 정책 중 하나였습니다.

1945년 2월, 유일한은 침투훈련과 작전지령을 받기 위해 캘리포니아의 외딴섬, 카타리나 섬으로 잠입했어요. 그리고 그곳에서 사격 훈련, 폭탄투척 훈련, 낙하산 침투 훈련, 요인 암살 등의 대테러 훈련을 받았습니다.

유일한은 특별했어요. 중국, 일본, 한국 곳곳에 회사 지부가 있어서 일본에 대한 중요한 정보를 많이 알고 있었죠. 동북아시아의 전쟁 상황도 정확하게 파악하고 있어서 OSS에 결정적인 조언을 해줄 수 있었답니다. 그래서 OSS는 유일한을 리더 요원으로 선정했어요.

하지만 일본이 항복을 선언하면서 냅코 작전은 역사 속으로 사라졌답니다.

1995년 CIA 비밀문서가 공개되자, 유일한은 대한민국 국민이 받을 수 있는 최고의 영예인 '건국훈장 독립장'을 받았어요. 이듬해인 1996년 6월에는 독립운동가로 선정되었습니다.

타임라인 인물사

세계사	한국사	유일한 1895~1971

청일 전쟁 ──── 을미사변 ────● **1895** ○──── 출생
대한제국 선포 ────● **1897**

러일 전쟁 ──── ────● **1904** ○──── 9세에 홀로 미국으로 유학을 떠남
을사늑약 ────● **1905**

한인자유
대회에
참여한
사람들

제1차 세계대전   **일제강점기**
1914~1918   **1910~1945**

3.1운동 ────● **1919** ○──── 대학 졸업, 필라델피아 한인자유대회
에서 독립운동 결의문 낭독

1922 ○──── '라초이' 창업

1926 ○──── '유한양행' 창업, 독립운동 자금
지원을 위한 제약사업 시작

대공황 ──── ────● **1929**

1933 ──── 최초의 국산 소염진통제
'안티푸라민' 출시

1936 ○──── 주식회사 전환, 종업원지주제 도입

제2차 세계대전
1939~1945

해방 ────● **1945** ○──── 미국 OSS 요원으로 '냅코 프로젝트'
참여, 특수훈련을 받음

냉전 시작 ──── ────● **1947**
대한민국정부 수립 ────● **1948**

한국전쟁
1950~1953   **1952** ○──── 고려공과기술학교 설립(현 유한공고),
교육 사업에 기여

1971 ○──── 별세, 전 재산을 사회에 환원

66 기업에서 얻은 이익은 그 기업을 키워 준 사회에
환원하여야 한다.

사람은 죽으면서 돈을 남기고 또 명성을 남기기도 한다.
그러나 가장 값진 것은 사회를 위해서 남기는 그 무엇이다.

실패, 그것으로 해서 스스로 나의 존재가치를 깨닫는다면,
실패 그것은 이미 나의 재산인 것이다.

이상적인 인간형성을 위해 근면, 성실, 책임감은 바람직한
3대 요소이다. 그러나 여기에 성급하지 않은 성격까지 구
비한다면 더 바랄 것이 없다.

눈으로 남을 볼 줄 아는 사람은 훌륭한 사람이다. 그러나
귀로는 남의 이야기를 들을 줄 알고, 머리로는 남의 행복
에 대해서 생각할 줄 아는 사람은 더욱 훌륭한
사람이다. **99**

02

LG그룹
창업주

한국 전자산업의
개척자
구인회

폐업합시다!

1958년, 당시 52세이던 구인회는 금성사지금의 LG전자를 세우고 한국 최초로 전자산업에 뛰어들었어요. 이듬해인 1959년, 드디어 우리나라 최초의 국산 라디오를 만드는 데 성공했습니다.

당시 인기 있던 미국의 제니스 라디오 가격은 40만 원이었어요. 금성사의 대졸 직원 월급이 6천 원이었으니, 라디오 한 대를 사려면 무려 6년 동안 월급을 모아야 했답니다.

금성은 국산 라디오를 만들어 미국 제품의 20분의 1 가격인 2만 원에 팔기 시작했어요. 가격도 싸고 성능도 좋으니 잘 팔릴 거라고 생각했죠.

하지만 사람들은 금성 라디오를 사지 않았어요. 당시에는 라디오 같은 첨단 제품은 선진국에서나 만드는 것이라 여겼기 때문에, 국산 라디오를 싸구려 취급했던 거예요.

초창기의 금성 라디오
출처 : 공공누리, 부평역사박물관 소장

당시 구인회는 락희화학지금 LG화학에서 번 돈을 모두 쏟아부어

금성 공장을 건설하고, 라디오를 생산했어요. 하지만 2년이 지나도록 라디오가 팔리지 않아 큰 위기를 맞았어요.

"사장님! 이대로 가다가는 금성사는 물론이고 락희화학도 망하고 말 겁니다. 2년이면 오래 버텼습니다. 금성사는 이제 문을 닫고, 락희화학에 주력해야 합니다."

구인회는 임원들에게 마지막으로 호소했습니다.

"전자사업은 우리의 미래입니다. 락희화학에서 칫솔과 치약을 만들어 팔면 당장에는 큰 이익이 나겠지만, 기업이 성장하는 데는 한계가 있어요. 1년만 더 버텨 봅시다. 만약 1년 후에도 변화가 없다면 내 손으로 금성사의 문을 닫겠습니다."

CES 2024, 최다 혁신상의 주인공이 되다

2024년 1월, 미국 라스베이거스에서 '지상 최대의 IT쇼' CES가 열렸습니다. CES는 세계에서 가장 큰 전자제품 전시회로, 약 3천 개의 최첨단 제품들이 전시되곤 해요.

이 행사에서는 매년 가장 혁신적인 제품과 기술을 뽑아 'CES 혁신상'을 주는데요, 2024년 LG전자는 무려 33개의 혁신상을 받앉어요. 라이벌인 삼성전자28개를 앞서며 최다 혁신상 기업이 된 것이었죠. 특히 TV 부문에서는 유일하게 최고 혁신상을 받아 더욱 빛났습니다.

미국의 유명 매체들은 LG의 제품을 이렇게 보도했어요.

"LG전자가 투명 올레드 TV로 CES 2024를 강타했다. 투명 모드와 블랙 스크린 모드를 함께 제공하는 것은 오직 LG전자만이 해낼 수 있는 기술로 느껴진다."

〈포브스〉의 말입니다.

디지털 미디어 웹사이트인 〈마샤블닷컴〉은 "LG전자가 선보인 AI 로봇 '스마트홈 AI 에이전트'는 로봇 가사도우미가 등장하는 공상 과학 소설을 현실로 만들었다"라고 했죠. [10]

최초의 국산 라디오에서 세계 1위 가전까지

앞서 보았듯, LG전자는 1959년에 한국 최초로 라디오를 만드는 데 성공했지만, 국내 소비자들조차 외면했어요. 미국 제품만 찾던 그때와는 달리, 지금은 상황이 완전히 바뀌었답니다.

2023년, LG전자는 생활가전 분야에서 매출 30조 원을 올리며 세계 1위 기업이 되었어요. 재미있게도 2위는 과거 백색가전의 대명사로 불리던 미국의 월풀이랍니다.

이제는 LG의 TV, 냉장고, 세탁기, 에어컨이 세계를 이끌어가고 있어요. 최고급 호텔부터 일반 가정까지 LG 제품을 사용하고 있죠.

한때는 막대한 적자로 임원들까지 문을 닫자고 했던 LG는 어떻게 세계 1위가 되었을까요? 어려운 시기에도 포기하지 않고 전자산업의 미래를 믿었던 구인회, 그는 어떤 사람이었을까요?

마을협동조합에서 주식회사까지

구인회는 1907년 진주시 지수면 승산리에서 태어났어요. 할아버지 구연호는 대한제국 황태자의 스승이었던 고위관료였죠. 구인회는 할아버지에게 논어를 비롯한 사서오경을 배웠어요. 어려서부터 책을 가까이하고 배운 유교 사상은 구인회의 삶과 경영 철학에 깊이 뿌리내렸습니다.

구인회의 집은 농사를 짓는 평범한 가정이었어요. 큰 부자는 아니었지만 넉넉하게 살았죠.

1910년 일제가 우리나라를 강제로 빼앗은 뒤, 곳곳에 일본식 초등학교가 생겼어요. 1921년, 구인회의 마을에도 지수초등학교가 생겼고, 열다섯 살의 나이로 2학년에 편입했습니다.

어느 날 학교에서 일이 터졌어요. 일본인 교장의 아들과 한국인 학생이 싸움을 했는데, 둘 다 잘못이 있었음에도 한국인 학생만 체벌을 받고 퇴학당한 거예요.

이 일에 분노한 학생들은 '교장을 바꿔달라'며 등교 거부 운동을 시작했어요. 그 중심에는 구인회가 있었죠.

선생님이 직접 구인회의 집까지 찾아와 설득했지만, 구인회는 단호했어요.

"이 문제는 타협할 수 없습니다."

평소 온화한 성격의 구인회였기에 선생님은 무척 놀랐습니다. 결국 교장은 학교를 떠나게 되었어요. 하지만 구인회와 학생들은 끝까지 예의를 지켰답니다. 전교생이 나와 교장의 마지막 길을 배웅했고, 그 모습을 본 교장은 눈물을 흘렸다고 해요.

장사의 기본을 배우다

구인회는 서울 중앙고등보통학교에서 공부하다가, 학비를 대주던 장인어른이 돌아가시는 바람에 학교를 그만둬야 했어요. 1926년, 고향으로 돌아온 그에게는 두 자녀가 있었기에 가족을 위해 일을 해야 했죠.

어느 날 그는 일본인이 운영하는 '무라카미 잡화점마트'에서 물건을 사다가 깜짝 놀랐어요. 물건값이 너무 비쌌던 거예요. 마을에 잡화점이 하나뿐이라 사람들은 비싼 값을 주고 살 수밖에 없었던 거죠.

구인회는 좋은 생각을 떠올렸어요.

'마을 사람들과 함께 협동조합을 만들어 잡화점을 해보자! 물
건을 싸게 팔아 마을 사람들을 돕고, 수익은 조합원과 나누면 마
을 경제도 살릴 수 있을 거야.'

구인회는 뜻이 맞는 마을 사람들과 함께 협동조합을 만들었습
니다. 부산, 진주, 마산 같은 큰 도시를 다니며 생필품, 비단, 석유,
옷감 등을 사 와서 팔았어요. 값싸고 좋은 물건을 팔다 보니 금세
무라카미 잡화점보다 더 잘되었답니다.

3년 동안 협동조합을 운영하면서 구인회는 장사의 기본을 깨
달았어요.

'장사란 값싸고 질 좋은 물건을 필요한 사람에게 판매하는 것!'

'구인회 상점'에서 '주식회사 구인상회'로

구인회는 대도시에서 장사를 하기로 결심하고 아버지와 상의
했어요.

"아버지! 진주로 나가서 포목점_{비단과 같은 옷감을 파는 가게}을 하고
싶습니다."

아버지는 구인회를 믿고 허락하며, 중요한 조언을 해주었어요.

"인회야! 너를 믿기에 장사하는 것을 허락한다. 다만, 이 말은 꼭 명심하거라. 장사를 하다 보면 반드시 힘든 일이 생길 텐데 중간에 절대 포기하지 마라. 무슨 일이든지 10년은 해봐야 한다."

1931년 7월, 구인회는 아버지에게서 2천 원지금 돈으로 약 2억 원을 빌려 진주 시내에 '구인회 상점'을 열었어요. 다른 가게보다 값싸고 질 좋은 옷감을 팔았더니 장사가 잘됐죠.

나중에는 단순히 옷감을 파는 것을 넘어 여러 무늬를 넣어 직접 만들어 팔기도 했어요. 덕분에 매출이 크게 늘었답니다.

하지만 구인회는 옷감 장사만으로는 한계가 있다고 생각했어요. 더 큰 꿈을 위해 중국과 일본으로 떠났습니다. 그곳에서 본 거대한 상거래와 우수한 상품에 구인회는 큰 충격을 받았어요.

그는 무역업을 시작하기로 결심했습니다.

하지만 한국으로 돌아온 직후 뜻하지 않은 일이 생겼어요. 중국과 일본이 전쟁을 시작했고, 일본이 생활물자 통제령을 내리면서 더 이상 포목점을 운영할 수 없게 된 거예요.

구인회는 생선 장사를 결심하고 새로운 방법을 생각해 냈어요.

어부들이 필요로 하는 물품을 배에 싣고 바닷가로 나간 거예요. 어부들과 물물교환을 하니 값싸게 물고기를 구할 수 있었고, 싱싱한 생선을 시장에서 싼값에 팔아 큰돈을 벌 수 있었답니다.

이렇게 장사가 잘되자 구인회는 1940년 6월에 '주식회사 구인상회'를 세웠어요. 의류, 과일, 생선 판매를 주력으로 사업을 점점 키워 나갔죠.

잠깐!

개인회사와 주식회사는 어떻게 다를까?

개인회사는 한 사람이 모든 것을 소유하고 책임지는 회사예요. 반면 주식회사는 여러 사람이 주식을 사서 함께 소유하는 회사입니다. 주식회사가 되면 이런 점이 좋아요.

• 많은 사람에게서 투자금을 모을 수 있어요

• 소유주가 바뀌어도 회사는 계속 운영될 수 있어요

• 회사의 신용도가 높아져 은행에서 돈을 빌리기 쉬워져요

구인회가 개인회사를 주식회사로 바꾼 것은 더 큰 성장을 위한 첫걸음이었어요. 이는 훗날 LG그룹이 되는 중요한 시작이 되었습니다.

행운의 럭키? 즐거운 락희!

해방이 되자 구인회는 전부터 꿈꾸던 무역업을 시작했어요. 1945년 11월에 '조선흥업사'를 세우고 무역업 1호 허가증을 받았습니다. 그는 동생들을 직원으로 채용하고, 첫 수출품으로 숯을 정했어요. 일본에서는 방에서 숯을 피워 난방을 하기 때문에 수요가 많았거든요.

하지만 현실은 녹록지 않았어요. 오랫동안 일본이 우리나라의 자원을 마구 써버려서 산에 나무가 거의 없었죠. 숯을 구하기가 하늘의 별 따기였어요. 조선흥업사 직원들은 회사를 살릴 새로운 사업을 찾아 헤매었답니다.

구인회의 동생 구정회는 일이 없어 당구장에서 시간을 보내다가 화장품 회사 직원 김준환을 만났어요. 그는 김준환에게 자신의 고민을 털어놓았습니다.

"우리 조선흥업사가 무슨 사업을 하면 좋을까?"

그러자 김준환이 말했습니다.

"우리 회사가 화장품을 만들어서 파는데 부산하고 진주에서 인기가 좋아. 요즘 여자들이 화장을 많이 하니까 서울에서 대리점을 해보면 어때?"

김준환과 헤어진 구정회는 얼른 형을 찾아가 방금 들은 이야기를 전했어요. 구인회는 동생의 제안을 귀담아들었고, 곧바로 국산 화장품을 대량으로 구매해 서울 시장 진출을 준비했습니다.

그러나 화장품 시장은 이미 미국과 일본의 고급 화장품이 장악하고 있었어요. 당연히 조선흥업사의 판매실적은 형편없었죠.

'발로 뛰는 수밖에 없다!'

구인회는 매일 화장품 가게를 찾아다니며 제품을 설명했어요. 그의 진심이 통했는지 조금씩 입소문이 나기 시작했고, 곧 물건이 모자랄 정도로 잘 팔리게 되었습니다.

그때였어요. 화장품 사업을 처음 제안했던 김준환이 찾아왔어요. 회사 사장과 갈등이 생겨 그만두게 되었다는 거였죠.

"사장님, 저는 원료만 있으면 직접 화장품을 만들 수 있습니다. 화장품 제조 사업을 해보면 어떻겠습니까?"

"좋습니다. 우선 우리 집 마당에 공장을 만들어 화장품을 생산해 봅시다."

구인회는 진주에 있던 가게를 팔아 설비와 원료를 샀습니다. 얼마 지나지 않아 김준환이 첫 크림을 만들어냈고, 구인회와 동생들은 크림을 발라 보았어요.

"오! 향도 좋고 아주 부드러운데요."

구정회가 눈을 반짝이며 말했어요.

"이 크림의 이름을 행운을 상징하는 '럭키'로 하면 어때요? 한자 이름은 럭키와 비슷하게, 즐거울 '락樂'에, 기쁠 '희囍'를 써서 '락희'로 하면 좋겠어요."

이렇게 1947년 1월, '락희화학공업사'가 탄생했어요. 지금의 LG화학이 시작된 거예요. 집 마당에서 시작한 작은 공장이 이렇게 큰 회사가 될 줄, 그때는 아무도 몰랐답니다.

끈기의 승리, 럭키크림의 탄생

"럭키크림이 나쁘지는 않은데, 일본의 메이쇼쿠 화장품에 비하면 아직 멀었어."

우연히 들은 말 한마디에 구인회는 귀가 쫑긋했어요. 일본의 메이쇼쿠 화장품과 비교하는 말에 얼른 제품을 구해 살펴보았어요.

'이런!'

뚜껑을 여는 순간 한숨이 나왔어요. 메이쇼쿠 크림은 반투명한 빛깔로 반질반질 윤이 나는데 비해, 럭키크림은 불투명해서 비교가 되지 않았죠.

구인회는 서울대에서 공부하는 막내 동생 구태회를 불렀어요.

"태회야, 우리도 저렇게 반투명한 화장품을 만들 수 없을까?"

구태회는 집 마당 한편에 작은 건물을 짓고, '락희화학연구소'라고 이름 붙였어요. 밤낮없이 연구한 끝에 드디어 일본 제품처럼 반투명한 크림을 만들어냈습니다.

하지만 구인회의 고민은 여전했어요.

"품질은 좋아졌는데, 가격이 문제야. 좀 더 싸게 팔 수 있다면 더 많은 사람이 살 텐데."

구태회가 눈을 반짝였어요.

"화장품 원가의 60퍼센트는 향료인데, 향료를 싸게 공급받을 수 있다면 가격을 낮출 수 있습니다. 제가 연구해 볼게요."

구태회는 먼저 향료가 왜 이렇게 비싼지 조사해 보았어요. 알고 보니 마카오의 향료 회사가 한국 시장을 독점하고 있었던 거예요. 경쟁 업체가 없으니 마음대로 비싸게 팔 수 있었죠.

"일본에서 향료를 사면 훨씬 싸다고?"

이런 이야기를 들은 구인회는 얼른 일본 향료 회사에 편지를 보냈어요. 하지만 돌아온 답장은 실망스러웠습니다.

회사가 작다는 이유로 거래를 거절당한 것이었어요.

하지만 구인회는 포기하지 않았습니다. 계속해서 편지를 보내고 설득했죠.

'우리 회사가 작아도 열심히 하고 있다는 걸 보여주자!'

마침내 그의 끈질긴 노력이 통했어요. 일본 회사가 거래를 허락한 거예요! 마카오 회사의 절반도 안 되는 가격에 향료를 살 수 있게 되었답니다.

덕분에 더 저렴하게 팔 수 있게 되자 럭키크림은 많은 사람이 찾는 화장품이 되었어요.

깨진 뚜껑이 만든 새로운 도전

"사장님, 큰일 났습니다!"

어느 날 직원이 급하게 뛰어왔어요. 배달 도중 럭키크림 뚜껑이 모두 깨져 버렸다는 거예요.

구인회는 곧바로 해결책을 찾아 나섰어요. 미군 부대에서 파는 크림 용기를 하나 구해 살펴보니, 뚜껑이 플라스틱으로 만들어져 있었죠. 단단하고 깨질 염려도 없어 보였어요.

구인회는 다시 동생 태회에게 물었습니다.

"태회야, 우리도 이런 플라스틱 뚜껑을 만들 수 없을까?"

하지만 이번에는 쉽지 않았어요. 서울대 도서관부터 시내 모든 서점까지 뒤졌지만, 플라스틱에 관한 책은 어디에도 없었거든요. 그때 반가운 소식이 들려왔습니다. 같은 동네에서 자란 삼성물산의 조홍제 부사장이 일본에 간다는 거였죠.

"부사장님, 혹시 플라스틱 관련 책을 사다 주실 수 있을까요?"

조홍제는 흔쾌히 부탁을 들어주었고, 일본에서 책 6권을 구해 왔답니다. 구태회는 밤낮으로 책을 읽으며 연구했어요.

마침내 구태회가 환한 얼굴로 찾아왔어요.

"형님! 플라스틱 제품을 만드는 방법을 찾았어요. 3가지만 있으면 됩니다!"

"뭐가 필요하지?"

"폴리스틱이라는 원료와 사출 성형기, 그리고 금형이에요. 이 것만 있으면 크림 뚜껑은 물론이고 빗, 비눗갑, 칫솔까지 뭐든 만들 수 있답니다!"''

문제는 플라스틱을 만드는 사출 성형기의 가격이 3억 원이 넘는다는 거였죠. 그 가격을 들은 모두가 놀랐어요. 회사의 전 재산을 쏟아부어야 하는 큰돈이었거든요.

"기계 한 대를 사는 데 회사의 모든 돈을 투자하기에는 위험이 너무 큽니다. 잘못되면 회사가 망할 거예요."

형제들과 직원들이 반대했지만, 구인회는 생각이 달랐어요.

"사업은 미래를 보고 하는 겁니다. 게다가 지금처럼 어려운 시기에 생활용품을 만드는 건 나라를 위한 일이기도 하죠. 한번 도전해 봅시다."[12]

결국 구인회는 과감한 결정을 내렸어요. 미국에서 사출 성형기를 들여오고, 부산에 플라스틱 공장도 짓기 시작했죠.

1952년, 공장이 완성되고 기계가 도착했어요. 영어를 잘하는 구평회가 매뉴얼을 번역했고, 구인회의 아들 구자경후에 LG그룹 2대회장이 조립을 맡았답니다.

드디어 기계 조립이 끝났어요.

"자, 이제 전원을 켜 볼까요?"

하지만 기계는 꿈쩍도 하지 않았어요. 공장 안에 긴장감이 감돌았습니다.

'모든 재산을 써 버린 기계가 고장이라니….'

그때 누군가 외쳤어요.

"전압이에요! 한국 전기가 불안정해서 그럴 거예요!"

구자경이 얼른 전압을 조정하고 다시 스위치를 켰어요.

'우웅~!'

기계가 돌아가자 모두가 환호성을 질렀습니다. 서로 부둥켜안고 기쁨의 눈물을 흘렸죠.

구자경은 며칠 동안 공장에서 먹고 자며 기계 다루는 법을 익혔어요. 마침내 럭키크림의 새 뚜껑이 탄생했고, 얼마 뒤에는 한국 최초의 플라스틱 빗도 만들어 냈답니다.

대한민국 처음으로 플라스틱 시대를 열다

"각하! 이 빗은 락희화학에서 만든 순수 국산품입니다."

상공부 장관이 이승만 대통령에게 락희화학의 플라스틱 빗을 보여주었어요.

"그래요! 정말 훌륭합니다. 나한테도 이 빗을 하나 구해 주시길 부탁합니다."

대통령까지 감탄한 락희의 플라스틱 제품은 전국에서 불티나게 팔렸답니다.

이후 구인회는 칫솔, 비눗갑, 고무대야, 세숫대야 등 플라스틱 제품을 잇달아 출시하면서 국민들의 삶을 바꿔 놓았습니다.

어느 날 칫솔을 판매하는 상인이 이렇게 말했습니다.

"칫솔과 치약은 바늘과 실 같은 건데, 왜 칫솔을 팔면서 치약은 안 팝니까?"

이 말을 들은 구인회는 곧바로 치약 개발에 착수했어요. 1955년, 광복 10주년을 맞아 '럭키치약'을 처음 선보였죠. 기념행사에서 무료로 나눠주자 소문이 나면서 전 국민의 치약이 되었답니다. 비누도 마찬가지였어요. 비눗갑을 만들던 구인회는 '럭키비누'도 함께 만들었죠. 이렇게 락희화학은 하나둘씩 우리 생활에 꼭 필요한 제품들을 만들어 나갔어요.

그러던 어느 날, 미국에서 돌아온 구평회가 이상한 물건을 들고 왔어요.

"형님, 이걸 한번 보세요!"

"이게 뭐지?"

1960년, 락희
화학의 다양한
제품을 소개하는
'럭키춘향' 광고

▶ QR코드를 스캔하면
광고영상을 볼 수 있어요

"훌라후프라는 건데요, 미국에서 아주 인기래요."

구평회는 엉덩이를 씰룩거리며 훌라후프를 돌렸어요. 웃긴 모습에 모두가 웃음을 터뜨렸죠. 하지만 구인회의 눈빛은 달랐어요.

"잠깐, 이거 플라스틱으로 만든 거 아닌가?"

"아, 네…. 그렇네요."

구인회는 곧바로 훌라후프 생산을 시작했어요. 예상대로 대성공이었죠! 전국 곳곳에서 훌라후프를 돌리는 사람들을 볼 수 있었답니다.

사출 성형기로 만든 제품들이 잘 팔리면서 락희화학은 한국 플라스틱 시장의 70퍼센트를 차지하게 되었어요. 사람들은 사출 성형기를 '돈 찍는 기계'라고 부르기 시작했죠.

1950년대에 한국에는 플라스틱이 없었다?!

지금은 흔한 플라스틱이지만, 1950년대 한국에서는 플라스틱을 찾아볼 수 없었어요.

전쟁 이후, 산업이 거의 무너진 데다, 대부분의 생활용품이 여전히 나무나 금속 등 전통 재료로 만들어졌기 때문이죠. 하지만 플라스틱은 가볍고 튼튼한 재료로 각광받으며, 점점 수요가 커지기 시작했습니다.

하지만 좋은 일만 있진 않았어요. 다른 회사들도 사출 성형기를 들여오기 시작했거든요. 시장 경쟁은 점점 치열해졌어요.

'이제는 새로운 것을 찾아야 할 때야.'

구인회는 또 다른 도전을 준비하기 시작했어요.

국내 최초 전자회사의 탄생

1957년 구인회가 락희화학의 서울지사를 방문했습니다. 음악 애호가인 윤욱현 기획실장이 전축으로 음악을 듣고 있었죠.

"이게 말로만 듣던 전축이군요!"

"네, 사장님. 마치 공연장에서 오케스트라의 연주를 직접 듣는 것과 같은 착각이 들 정도입니다. 제가 미국계 무역회사에 근무하면서 접하게 됐는데 그때 쏙 빠져버렸죠. 지금 미국은 집집마다 전축, 라디오, 텔레비전을 구입해서 쓰고 있습니다. 우리나라에서도 곧 가전제품 시대가 열릴 겁니다."

구인회는 고개를 끄덕였어요.

"저도 같은 생각입니다. 얼마 전에 일본 정부에서 펴낸 산업보고서를 읽은 적이 있는데, 전자공업이 앞으로 대세라고 하더군요. 요즘 그것 때문에 고민이 많았는데, 윤 실장님이 구체적으로 전자사업을 검토해 주세요."

얼마 뒤, 구인회는 임원회의를 열었어요. 하지만 반대 의견이 쏟아졌습니다.

"현실을 몰라도 너무 모르네요. 지금 미군 부대와 밀수를 통해 라디오가 마구 들어오고 있습니다. 일본이나 미국 제품과 어떻게 경쟁하겠어요?"

"전자사업은 공장 건설과 개발비에 막대한 자금을 투자해야 합니다. 락희화학에서 번 돈이 모두 전자사업에 들어갈 텐데, 실패를 하면 탄탄한 락희화학까지 어려워져요."

"한국에는 전자산업 경험이 전혀 없잖아요. 성공하기 어렵다고 봅니다."

이때, 구인회가 조용히 경청하고 있던 아들 구자경에게 말할 기회를 주었어요. 구자경이 말했습니다.

"사업은 모험이고 도전입니다. 어떻게 준비를 하느냐가 성패의 관건이지 기술이나 경험이 우선하지 않습니다. 전자사업은 꼭 필요한 사업입니다. 우리 락희화학 정도면 해 볼 만하다고 생각합니다." ''

곧 이어서 구인회도 힘주어 말했어요

"남들이 안 하는 일을 먼저 시작합시다. 앞으로는 집집마다 가전제품이 있는 시대가 올 거예요. 두려워하지 말고, 지금의 성공에 안주하지 말고, 한 단계 더 높이 올라가 봅시다!"

긴 토론 끝에 모두가 동의했고, 1958년 10월, 드디어 한국 최초의 전자기업 '금성사'가 탄생했습니다. 이름에는 특별한 뜻이 있었어요. 윤욱현 실장이 제안한 '금성金星'은 '황금처럼 빛나는 별'이란 의미로, 전자업계의 새로운 별이 되겠다는 꿈이 담겨 있었죠.

금성사라니, 처음 들어본다고요? 1995년, 금성사는 21세기를 앞두고 회사 이름을 바꿉니다. 락희화학의 영문 앞글자 L과, 금성의 영문 앞글자 G를 합쳐서요. 맞아요, 여러분이 잘 아는 LG의 옛 이름이 바로 금성사랍니다!

금성사를 설립한 구인회는 곧바로 행동에 나섰어요. 윤욱현 실장과 함께 100일 동안 9개 선진국을 돌며 전자산업을 샅샅이 살폈습니다. 미국, 영국, 일본, 프랑스 등을 돌며 그가 본 세계의 전자산업은 충격 그 자체였어요.

'전자산업은 미래가 아닌 현재구나. 우리도 서둘러야 해!'

비행기로 돌아오는 길, 구인회는 굳은 결심을 했습니다.

'내가 한국 전자산업의 개척자가 되겠다!'

라디오 스타, 금성사

금성사는 특별한 방법으로 직원을 뽑았어요. 국내 최초로 공개 채용을 실시했는데, 시험 문제는 단 한 가지였죠.

'라디오 회로도를 그려 보시오.'

완벽한 회로도를 그린 김해수를 포함해 단 두 명이 합격했어요. 이들은 밤낮없이 연구한 끝에 1959년, 드디어 우리나라 최초의 라디오 'A-501'을 만들어냈습니다.

하지만 기쁨도 잠시, 미국산 라디오에 밀려 2년 동안 한 대도 팔리지 않았어요. 직원들의 마음이 무거워질 때쯤, 뜻밖의 기회가 찾아왔죠.

어느 날 구인회는 이원우 공보부장관정부의 홍보와 보도를 담당하는 장관, 1990년대까지 존재했음과 이런 대화를 나눴어요.

"새로운 정부의 정책을 빨리 알려야 하는데 방법이 없네요."

"라디오로 하면 되지 않습니까?"

"우리나라에 라디오가 있는 집이 드물어요."

"우리 금성이 라디오를 만들고 있기는 합니다만, 판매가 참 어렵네요."

얼마 후에 박정희 대통령이 예고도 없이 금성사 라디오 공장을 깜짝 방문했습니다. 박정희는 공장에 있던 김해수 과장에게 물었습니다.

"김 과장! 어떻게 하면 한국의 전자산업을 살릴 수 있나?"

김해수는 망설임 없이 대답했어요.

"밀수품을 막아야 한국의 전자산업이 살아납니다."

일주일 뒤, 정부는 밀수품 근절령을 내렸습니다. 게다가 전국 농어촌에 라디오 보급 운동도 시작했죠. 구인회는 라디오 5천 대를 기증하며 힘을 보탰답니다.

그러자 기적이 일어났어요! 주문이 폭주하기 시작한 거예요. 직원들은 밤을 새워가며 일했고, 100만 대가 넘는 라디오를 만들어냈어요. 1962년, 금성사는 직원 1천 명을 넘기는 것은 물론이고 드디어 흑자를 달성했습니다.

한국 최초를 향한 끌없는 도전

1962년 11월, 금성사가 놀라운 소식을 전했어요. 라디오 62대를 미국에 수출한 거예요! 한국 기업 최초로 전자제품을 해외에 판 역사적인 순간이었죠. 작지만 위대한 첫 발걸음을 내디딘 것입니다.

회사가 커지자 구인회는 동생 구정회를 금성사 사장으로 임명했어요. 어느 날 구정회의 집에 있던 냉장고가 고장 났습니다.

"이런, 음식이 다 상하게 생겼네…."

그가 사용하던 것은 미국산 냉장고였어요. 아직 우리나라에서는 냉장고를 만들지 못했거든요. 구정회는 회사 최고의 기술자 임종엽 과장을 불렀습니다. 임 과장은 냉장고를 수리하면서 제작 원리를 자세히 살폈죠.

"사장님! 이번에 수리하면서 보니까 냉장고 만드는 게 생각보다 어렵지는 않겠어요."

"그래요? 모든 지원을 할 테니 임 과장이 개발해 보세요!"

그렇게 1년 뒤인 1965년, 드디어 우리나라 최초의 냉장고가 탄생했습니다.

이후 금성사는 최초, 최초, 최초의 행진을 이어나갑니다. 1966년에는 한국 최초로 흑백 TV를 개발하고, TV 시대를 활짝 열었죠.

'한국 최초의 금성 전기 냉장고'. 1965년 7월 동아일보에 실린 최초의 국산 냉장고 광고입니다. 오른쪽 아래에는 작은 글씨로 '금성 라디오 제조원 / 주식회사 금성사'라고 쓰여 있어요.

출처 : 네이버 뉴스 라이브러리

당시 금성사 TV가 출시되자 은행에서 공개 추첨해서 팔 정도로 대성공을 거두었습니다.

1968년에는 한국 최초의 에어컨을, 1969년에는 한국 최초의 세탁기 개발에 성공했습니다. 이렇게 금성사는 하나둘씩 우리 생활을 편리하게 만드는 가전제품들을 만들어갔어요. 그리고 그때마다 '최초'라는 타이틀을 거머쥐었답니다.

영원한 라이벌 : LG전자와 삼성전자

금성사의 성공을 오랫동안 지켜보던 사람이 있었습니다. 바로 이병철이에요.

구인회와 이병철은 초등학교 동창이었어요. 평생 가까이 지내며 자녀들까지 결혼시킨 특별한 사이였죠.

그러던 1968년 어느 날, 안양골프장에서 두 사람이 커피를 마시고 있었어요.

"구 회장, 우리도 전자사업을 시작하려고 하네."

이병철이 조심스레 꺼낸 말에 구인회의 얼굴이 굳어졌어요.

"이윤이 남으니까 하려는 거지!" [12]

10년 동안 온갖 고생을 하며 일구어온 전자사업에 삼성이 뛰어든다니, 구인회는 화가 치밀어 올랐습니다. 반면 이병철은 오랜 고민 끝에 꺼낸 말에 친구가 이렇게 반응하니 서운했죠.

이 일을 계기로 두 사람의 관계는 서먹해졌어요. 삼성에서 일하던 구인회의 아들 구자학도 LG로 돌아왔답니다.

그러나 둘의 갈등과 경쟁은 한국 전자산업의 축복이 되었습니다.

삼성보다 10년 앞서 전자사업을 시작한 LG는 삼성을 견제하고, 1등을 지키기 위해 치열한 연구개발을 했죠. 삼성은 선두주자 LG를 추월하기 위해 전력투구를 했습니다.

이러한 경쟁 덕분에 두 기업은 혁신적인 제품을 선보이며 세계적인 기업으로 성장할 수 있었죠.

세계 최대 전자제품 전시회인 CES 2023에서 삼성은 총 46개의 혁신상을, LG는 28개의 혁신상을 수상해 삼성이 이겼죠. 그러나 CES 2024에서는 LG가 33개의 혁신상을, 삼성은 28개의 혁신상을 수상해 LG가 이겼습니다.

아직도 두 기업은 앞서거니 뒤서거니 하면서 세계 1위 전자기업의 자리를 두고 피 말리는 경쟁을 벌이고 있습니다. 이를 바라보는 한국인들은 흐뭇합니다. 치열한 경쟁은 혁신을 가져오는 법이니까요.

두 집안의 특별한 동행

구인회는 열네 살이라는 어린 나이에 허을수와 결혼해 6남 4녀
의 대가족을 이루었어요. 당시는 농경사회라 일찍 결혼해서 온 가
족이 함께 농사를 짓는 게 일반적이었거든요.

구인회가 태어난 승산마을에서는 200년 전부터 구 씨와 허 씨
가 모여 살면서 서로 결혼도 하고 친척 관계를 맺어왔다고 해요.

1945년, 구인회가 조선흥업사를 연다는 소식이 퍼지자 경남
최고의 부자 허만정이 아들 허준구를 데리고 찾아왔어요. 허준구
는 이미 구인회 동생의 딸과 결혼한 사이였죠.

"사돈의 사업 역량이 뛰어나다는 것을 잘 알고 있습니다. 제
아들 준구를 맡길 테니까 밑에 두고 일을 잘 가르쳐 주세요. 그리
고 지금 하시는 사업에 30퍼센트 정도 투자를 하고 싶습니다."

구인회는 기뻤어요.

"마침 사업을 키우기 위해 좋은 인재와 투자금이 절실했는데
감사한 제안입니다."

허만정은 아들에게 당부했어요.

"준구야! 구 씨 집안이 경영을 잘하니까 너는 경영에 절대 나서지 말고, 항상 배우는 자세로 일하면 좋겠구나."

이렇게 구 씨와 허 씨의 역사적인 동업이 시작되었습니다. 구

잠깐!

최초의 벤처캐피털리스트 허만정

허만정은 직접 기업을 운영하는 대신, 성공 가능성이 있는 기업을 찾아 투자하는 일을 했죠. 마치 오늘날의 벤처캐피털처럼요! 그의 투자 방식은 아주 현명했어요.

- 한 기업에 과도하게 투자하지 않기
- 항상 30퍼센트 정도만 투자하기
- 여러 기업에 분산 투자하기 등

이런 전략으로 허만정은 큰 성공을 거뒀습니다. 구인회의 락희화학현 LG, 이병철의 삼성, 조홍제의 효성 등에 투자했죠. 지금으로 치면 실리콘밸리의 투자자들처럼, 뛰어난 기업가들의 꿈을 발굴하고 지원했던 거예요. 그래서 사람들은 허만정을 '한국 벤처캐피털의 창시자'라고 부른답니다. 또한 그는 LG그룹의 공동 창업주로서, GS그룹의 뿌리이기도 합니다.

씨는 창업을, 허 씨는 투자를 맡아 서로의 장점을 살린 거죠.

구인회의 회사는 특별한 4인 체제로 운영되었어요. 두 동생 구철회, 구정회와 사돈 허준구가 함께했죠. 허준구는 점점 더 중요한 자리를 맡아갔어요. 금성사 부사장, 락희화학 부사장을 거쳐 그룹의 초대 기획조정실장이 되었고, 마지막에는 LG건설 명예회장으로 은퇴했습니다.

구인회는 여기서 그치지 않고 허만정의 다른 아들들도 불렀어요. 둘째 아들 허학구와 넷째 아들 허신구까지 합류하게 된 거죠. 업무 능력이 뛰어났던 허 씨 삼 형제는 모두 그룹의 중요한 일을 맡게 되었답니다.

이렇게 오랫동안 갈등 없이 지낼 수 있었던 건 아버지 허만정의 특별한 당부 때문이었어요.

"구 씨가 주된 일을 하고, 허 씨는 돕는 일에 충실하라."

이 한 마디를 삼 형제가 한순간도 잊지 않고 지켰기에, 57년이라는 긴 세월 동안 단 한 번의 다툼도 없이 동업을 이어갈 수 있었던 것입니다.

57년 만의 아름다운 이별

2004년 7월, 구 씨와 허 씨의 '아름다운 동행'은 새로운 전환점을 맞이했어요. 허 씨 가문이 정유, 유통, 홈쇼핑, 건설 부문을 가지고 독립을 선언한 거예요. 2005년 3월, 이 계열사들은 'GS그룹'이라는 이름으로 새롭게 출발했답니다. GS그룹의 초대 회장이 된 허창수는 LG의 창업멤버였던 허준구의 아들이었어요.

독립한 GS그룹은 놀랍게도 바로 한국기업 순위 7위에 올랐어요. 2024년 현재 LG는 4위, GS는 8위를 지키고 있죠.

57년 전, 허만정이 구인회에게 남긴 메모가 있어요. 초기 창업 투자금 680만 원, 전체 창업금의 30퍼센트를 투자했다는 기록이에요. 재미있는 건 2004년에 기업을 분리할 때도 이 비율을 그대로 지켰다는 겁니다. 허만정의 투자금 680만 원은 57년 만에 무려 18조 원이 되어 돌아왔답니다.

요즘은 부모와 자식, 형제 사이에서도 재산 다툼이 많은데, 구 씨와 허 씨는 달랐어요. 57년 동안 한 번도 다투지 않고 동업하다가 마지막에도 깔끔하게 헤어진 거죠. 이런 사례는 세계 기업 역사에서도 찾아보기 힘들답니다.

구인회가 남긴 최고의 유산, 인화

LG 하면 가장 먼저 떠오르는 말이 있어요. 바로 '인화人和'입니다. 서로를 아끼고 화합한다는 뜻이죠. 이것은 구인회가 가장 소중히 여긴 제1의 경영철학이었어요. 구 씨와 허 씨가 긴 세월 동안 다툼 없이 함께할 수 있었던 비결도 바로 이 인화정신 덕분이었습니다.

오늘날 LG의 사훈인 인화단결人和團結은 사실 구 씨 집안의 가훈이에요. 구인회는 사업을 시작할 때부터 이 말의 중요성을 깊이 깨달았습니다. 허 씨 집안사람들은 물론, 구 씨 집안의 형제들과 2세들까지, 복잡하게 얽힌 많은 사람을 하나로 묶어주는 힘이 바로 인화단결이었거든요.

하지만 구인회는 엄격했어요. 아무리 가까운 일가친척이라도 특별대우는 없었어요. 모두가 똑같이 맨 아래에서부터 시작해야 했고, 철저하게 배우고 경험을 쌓아야 했죠. 자신의 실력을 제대로 증명한 사람만이 중요한 자리에 오를 수 있었습니다. [13]

1968년, 큰 사고가 터졌어요. 중남미로 수출한 라디오 캐비닛

1천 개가 모두 망가진 거예요. 긴급 대책회의가 열렸지만, 락희화학의 구자경과 금성사의 박승찬 전무는 서로 책임을 미루며 다투었습니다.

"캐비닛을 잘못 만들어서 이렇게 된 겁니다. 라디오는 문제없어요!"

박승찬이 매섭게 따지자, 구자경도 지지 않고 맞받아쳤어요.

"락희화학은 문제없습니다. 라디오 포장을 잘못해서 그런 거 아닌가요?"

결국 박승찬은 화가 나서 자리를 박차고 나가버렸어요. 회의가 끝난 뒤, 구인회는 아들 구자경을 불렀습니다.

"덕이 있는 경영자는 싸울 때도 인화를 생각해야 하는 법이야. 이래 가지고 어떻게 그룹을 이끌어 나가겠니?"

"제 생각이 짧았습니다. 앞으로는 더 차분하고 이성적으로 행동하겠습니다."

다음 날, 구인회는 파격적인 인사 발령을 냈어요. 박승찬은 금성사 전무에서 락희화학 부사장으로, 구자경은 락희화학에서 금성사 부사장으로 자리를 바꾼 거예요. 둘 다 승진시키면서 서로의 회사로 보낸 거죠.

두 사람이 서로 입장을 바꾸어 생각하면서 자연스럽게 갈등도 해결되었습니다. 구인회는 다툼을 해결하는 방법도 인화의 정신으로 풀어냈던 것입니다.

모든 사람을 귀하게 여기는 마음

구인회는 자식뻘 되는 사원들에게도 항상 존댓말을 하고, 예의를 다해 대화를 나눴습니다.

어느 날 구인회가 운전기사에게 깍듯이 존댓말을 하자, 옆자리의 임원이 못마땅한 듯 말했어요.

"회장님께서 운전기사에게조차 깍듯하게 대하면 우리는 어떻게 합니까? 나이 어린 운전기사에게는 편하게 말을 하시죠."

"그 사람이 어디 우리 하인이라도 됩니까? 운전기사도 우리와 함께하는 고마운 직원입니다."

한 번은 이런 일도 있었어요. 구인회의 딸이 운전기사의 와이셔츠가 아버지 것과 똑같다며 놀리듯 말했죠. 구인회는 그 자리에서 바로 딸을 꾸짖었어요.

"너는 대학교까지 나와서 예의도 없이 그런 말을 하느냐!"

그리고 직접 운전기사에게 사과했답니다.

이런 인간존중의 인화 정신은 대대로 이어졌어요. 구인회의 손자인 구본무 전 회장은 아들 구광모 회장에게 늘 이렇게 당부했다고 해요.

"사람들을 많이 만나고, 잘 듣고, 인재들이 역량을 잘 발휘할 수 있도록 배려하라."

"엘리베이터에서 아는 직원을 만나면 항상 먼저 인사해라. 모두의 하루를 기분 좋게 할 수 있다." [14]

검소하지만 필요한 곳에는 아낌없이

인화에 이은 구인회의 두 번째 경영철학은 검소함이었어요. 근검절약이 몸에 배어 구두쇠 소리를 들을 정도였지만, 정작 필요한 곳에는 아낌없이 쓰는 대인배였답니다.

럭키치약이 미국 제품들을 제치고 시장을 석권하던 때였어요. 락희화학은 서울 반도호텔 빌딩에 있는 사무실로 출퇴근하는 직원들을 위해 합승버스를 운영했죠. 어느 날 한 임원이 늘 합승버스를 타는 구인회에게 제안했어요.

"사장님, 이제 택시나 자가용을 이용하시는 게 어떨까요?"

구인회는 고개를 저었어요.

"사람들이 날 구두쇠라 불러도 내겐 칭찬같이 들리오. 옛말에 돈이란 벌기보다 쓰기가 어렵다고 했소. 합승버스가 있는데 뭣 때문에 휘발유 없애고 길바닥에 돈 뿌리며 택시를 탄다는 말이오."

점심시간이면 좁은 골목길 국밥집을 찾았던 소탈한 구인회였지만, 도움이 필요한 이들을 위해서는 거금도 아낌없이 내놓았어요. 일제 말기에는 독립운동가 백산 안희제 선생에게 독립운동 자금으로 1만 원을 선뜻 건네기도 했답니다.[15] 당시로서는 아주 큰돈이었죠.

구인회의 검소함은 단순한 구두쇠가 아닌, 올바른 곳에 돈을 쓰는 지혜였던 거예요.

혹독한 후계자 수업

1936년 8월, 진주에 큰 홍수가 났어요. 열두 살 구자경은 포목점을 하시는 아버지가 걱정되어 뛰어갔죠. 아니나 다를까, 포목점은 물에 잠겼고, 아버지는 흙탕물에 젖은 포목을 강가로 가져가 빨고 있었습니다. 아버지를 발견한 구자경은 눈물을 글썽이며, 아무 말 없이 아버지 옆에서 더러워진 포목을 함께 빨았습니다.

이렇게 어린 시절부터 아버지의 일을 도왔던 구자경은 진주사범학교를 졸업하고 부산에서 교사가 되었어요. 하지만 밤이면 아버지의 공장일을 도왔고, 방학 때면 매일 공장에서 허드렛일을 했습니다.

1950년 4월, 구인회가 아들을 불렀어요.

"자경야! 너도 알다시피 락희화학이 커져서 너의 도움이 필요하다. 이제 교사를 그만두고, 회사일에 전념하면 어떻겠니?"

"네, 알겠습니다. 아버지!"

구자경은 교사를 관두고 락희화학 공장에 취직했어요. 그러나 구자경이 맡은 일은 공장 관리자가 아닌 가장 힘든 기능공이었어요. 매일 기름때 묻은 작업복을 입고 기계를 만지는 아들의 모습을 본 구인회의 친구가 말했습니다.

"이제 그만큼 벌었으면 아들 고생 좀 덜 시켜도 되지 않아?"

구인회는 웃으며 대답했어요.

"허허, 모르는 소리 하지 마. 고생을 모르는 사람은 칼날 없는

칼이나 마찬가지야." [16]

구자경에게는 공장 지키는 일까지 맡겨졌어요. 방도 없어 공장 바닥에 판자를 깔고 잠을 자야 했죠. 보통 직원이었다면 벌써 그만뒀을 텐데, 구자경은 아버지의 깊은 뜻을 이해하고 묵묵히 견뎌 냈답니다. 같이 일하던 허준구는 그런 구자경이 안쓰러워 가끔 맥주를 사주며 위로했어요.

그는 매일 새벽 고향 선배와 함께 상인들에게 제품을 나눠주고, 낮에는 공장 일을 했어요. 밤에는 번갈아가며 숙직을 섰는데, 추운 겨울밤이면 판자방에서 군용 침낭에 몸을 감싸고 잠을 설쳐야 했습니다.

이런 고된 나날이 4년이나 이어졌지만, 아버지는 단 한 번도 "고생하는구나"라는 말을 하지 않았어요. 그래서 그때 구자경의 가장 큰 소원은 아버지에게서 칭찬 한마디 듣는 것이었답니다. 하지만 세월이 흐른 뒤에야 깨달았어요. 아버지가 말씀하진 않으셨지만, 늘 자신의 마음을 알고 계셨다는 걸요. [17]

구인회는 1969년 12월 31일에 하늘나라로 떠났습니다. 4대 필수 가전제품인 TV, 냉장고, 에어컨, 세탁기의 독자 개발이 완료된 것을 본 뒤였죠. 아버지의 마지막을 지킨 아들에게 그는 이런 말을 남겼습니다.

"자경아! 너 나를 원망 많이 했지? 기업을 하는 데 가장 어렵고 중요한 것이 바로 현장이다. 그래서 본사 근무 대신에 공장일을 모두 너한테 맡긴 거다. 그게 너의 밑천이다. 자신 있게 기업을 키워 나가라." [17]

구자경은 1970년 1월, LG그룹의 2대 회장이 되었어요. 그리고 25년 동안 회장직을 맡으면서 놀라운 성과를 이뤄냈습니다. 매출은 260억 원에서 30조 원으로 무려 1,150배나 성장했고, 직원 수도 2만 명에서 10만 명으로 늘어났답니다. 주력 사업이던 화학과 전자 부문은 부품소재까지 영역을 넓혀 오늘날 우리가 아는 LG그룹의 모습을 만들었어요.

20년 동안 현장에서 가장 힘든 일부터 시작해 혹독한 경영 수업을 받은 구자경. 결국 아버지를 뛰어넘는 리더가 되었답니다. 구인회의 엄격한 사랑이 결실을 맺은 거예요.

타임라인 인물사

세계사	한국사	구인회 1907~1969

을사늑약 ──── ● 1905

1907 ○ ─── 출생

제1차 세계대전
1914-1918

일제강점기
1910~1945

3.1운동 ──── ● 1919

> 한국 최초의 라디오 A-501
> 출처 : 국가유산포털

대공황 ──── ● 1929

1931 ○ ─── 진주에 포목점 '구인회 상점' 창업

제2차 세계대전
1939~1945

해방 ──── ● 1945

냉전 시작 ── ● 1947 ○

대한민국정부 수립 ── ● 1948 ─── '락희화학공업사' 창업 (현 LG화학)

한국전쟁
1950~1953

1952 ○ ─── 한국 최초로 플라스틱 사출성형기 도입

1958 ○ ─── 한국 최초의 전자회사 '금성사' 창업, 이듬해 한국 최초 국산 라디오 개발

1965 ○ ─── 한국 최초의 냉장고 개발, 이듬해 한국 최초 흑백 TV 개발

1968 ○ ─── 한국 최초의 에어컨 개발

1969 ○ ─── 별세, 금성사는 한국 최초 세탁기 개발

1995 ○ ─── 그룹 명칭을 '럭키금성'에서 LG로 변경

IMF 외환위기 ──── ● 1997

남이 미처 안 하는 것을 선택하라.

기업이 장차 웅비를 이룰 수 있느냐 없느냐는 오로지 사람 쓰기에 달려있다.

종업원을 아끼는 것은 기업이 흥하는 지름길이다.

고생을 모르는 사람은 칼날 없는 칼이나 다름없다.

한번 도취하면 자신도 모르는 사이 교만해지고, 발전이 중단된다.

만나면 되도록 헤어지지 말고, 헤어지게 되더라도 따뜻하게 손을 잡고 웃으면서 헤어지도록 하라.

한 번 믿으면 모든 일을 맡겨라.

03
삼성그룹
창업주

반도체 신화를 쓴
창업의 거장
이병철

미래를 바꾼 승부수, 도쿄선언

일본 도쿄의 오쿠라호텔 505호. 73세의 이병철은 인생 최대의 도전을 앞두고 있었어요. 이 도전으로 그가 평생 모은 모든 재산과 명성을 잃을 수도 있었죠. 그의 미래는 이제 '반도체'라는 세 글자에 달려 있었습니다.

이병철은 마음을 굳게 먹었어요.

'내 나이 73세. 비록 인생의 마지막을 향해 가고 있지만, 이제는 한국의 미래를 위해 반도체 사업에 모든 것을 걸어야 할 때다.'

그는 당시 중앙일보 사장에게 전화를 걸었습니다.

"나, 이병철이오. 삼성은 반도체 사업에 진출하기로 결단을 내렸습니다. 이 사실을 세상에 알려주시오."

1983년 2월 8일. 이 소식은 빠르게 퍼졌지만, 세계의 반응은 차가웠습니다. 반도체 업계 1위였던 인텔의 한 간부는 "이병철은 과대망상증 환자"라고 말했죠. 일본의 미쓰비시연구소는 TV도 제대로 못 만들던 삼성을 비웃으며 〈삼성이 반도체 사업에서 성공할 수 없는 다섯 가지 이유〉라는 보고서를 내기까지 했습니다.

심지어 삼성 직원들조차도 불안해하며 말했습니다.

"이건 자살 행위야. 반도체 부서로 가게 되면 난 그만둘 거야."

반도체 사업에는 엄청난 액수의 투자금이 필요했어요. 실패하면 회사가 망할 수도 있는 위험한 도전이었죠.

전문가들은 반도체 산업을 시작하려면 인구가 1억 명 이상이고 국민총소득GNP이 1만 달러 이상이어야 한다고 입을 모았습니다. 그런데 1983년 당시 한국의 GNP는 2천 달러밖에 안 됐어요.

그러나 이병철의 결단은 삼성을 세계적인 초일류 기업으로 성장시키고, 한국을 선진국으로 도약하게 만든 결정적인 한 수가 되었습니다.

작은 건어물 회사로 시작했던 삼성은 어떻게 반도체와 스마트폰을 만드는 최첨단 회사로 탈바꿈할 수 있었을까요? 그 비밀을 함께 찾아 떠나 보겠습니다.

유복했으나 특별할 것 없었던 어린 시절

1910년, 우리나라가 일본에 강제로 점령당한 해, 경상남도 의령군에서 이병철이 태어났습니다. 그의 아버지는 독립운동에 참여했고, 어머니는 어려운 이웃들에게 쌀과 보리를 나눠주며 마을 사람들의 존경을 받았죠.

어린 이병철은 다섯 살 때부터 할아버지의 서당에서 《논어》를 배웠어요. 그는 나중에 "논어는 나라는 사람을 만드는 데 가장 큰 영향을 준 책"이라며, 자신의 자녀와 손자녀들에게도 직접 《논어》를 가르쳤다고 합니다.

그렇게 어려서부터 한학한문을 배우는 전통적인 유교식 공부을 배우던 이병철은 열한 살이 되어 새로운 세계를 만나게 돼요. 비로소 학교에 간 것입니다.

의령보다 큰 도시인 진주의 지수초등학교 3학년에 들어간 그는 그곳에서 훗날 한국의 큰 기업들을 만든 친구들을 만났어요. 같은 반 친구 중에는 훗날 LG창업 당시에는 '락희화학'과 '금성사'를 창업한 구인회가 있었고, GS그룹 창업자 허정구와 효성그룹 창업자 조홍제가 바로 윗학년이었죠. 그때는 서로가 미래에 그렇게 큰 기업가가 될 줄 아무도 몰랐겠죠?

오늘날 지수초등학교는 한국에서 글로벌 기업 창업자들을 가장 많이 배출한 학교로 유명해요. 지금은 많은 관광객이 찾아와 부자의 기운을 받고 기업가 정신을 새기고 가기도 합니다.

항상 큰 세상에 대한 동경을 품었던 소년

어느 날, 친척 형이 이병철에게 말했어요.

"서울에는 고층 건물이 많고, 좋은 학교도 많대."

친척 형의 이야기는 이병철의 가슴에 불을 지폈습니다.

'나도 더 넓은 세상을 보고 싶어. 서울에 가서 공부해야겠어!'

이병철은 아버지를 설득해서 서울 유학을 허락받았어요. 그리고 열두 살에 서울의 수송보통학교로 전학을 가면서 그의 서울 생활이 시작되었죠.

하지만 서울 생활은 생각보다 쉽지 않았어요. 빨리 초등학교를 마치고 싶어 중동중학교의 속성 과정에 입학했지만, 성적은 중하위권으로 좋지 않았습니다.

그렇게 시간이 흘러 열일곱 살이 되었습니다. 아버지로부터 갑작스러운 부름을 받았어요.

"이제 너도 결혼할 때가 됐다. 고향으로 돌아오너라."

당시에는 서로 얼굴도 보지 않은 상태에서 부모님들끼리 결혼을 결정하는 경우가 많았어요. 그렇게 이병철은 이웃 마을의 박두을이라는 처녀와 결혼하게 됩니다. 이후 이후 3남 5녀의 자녀를 두었는데, 그중 셋째 아들이 훗날 삼성그룹을 이어받은 이건희입니다.

결혼도 했지만, 그의 마음속엔 항상 더 큰 세상에 대한 꿈이 있었어요. 열아홉 살이 되자, 그는 이번에는 일본으로 유학을 가겠다는 결심을 하고 아버지에게 말했어요.

"아버지, 일본으로 유학을 가고 싶습니다."

그러나 돌아온 건 꾸짖음이었죠.

"너는 그동안 여러 번 학교를 옮겨 다녔지만, 한 번도 졸업을 하지 못했다. 유학을 가고 싶으면 졸업부터 해라. 일에는 반드시 시작과 끝이 있는데, 너는 아직 그걸 모르느냐?"

이병철은 포기하지 않았습니다. 방법을 찾던 어느 날, 형의 친구였던 조홍제를 만나 사정을 이야기하자, 그가 이렇게 말하는 게 아니겠어요!

"나도 일본 유학을 가고 싶지만, 혼자 갈 용기가 안 났는데 잘됐다. 학비는 내가 500원을 빌려줄 테니 같이 유학 가자."

이병철은 마침내 일본 시모노세키로 향하는 3천 톤급 대형 선박에 몸을 실었습니다. 하지만 기쁨도 잠시, 뱃멀미 때문에 1등실로 가려다 일본 경찰에게 모욕을 당했어요.

"돈도 없는 조선인이 어디 1등 선실을 함부로 기웃거리는가? 건방지다."

그 치욕스러운 경험은 이병철의 가슴 깊이 새겨졌습니다. 이병철은 자서전 《호암자전》에서 이렇게 말했어요.

나라가 망했다는 사실의 참뜻을 처음으로 실감하였다. … 나중에 내가 오직 사업에만 몰두하게 된 것은, 식민지 지배하에 놓인 민족의 분노를 가슴 깊이 새겨두게 했던 그 사건이 있었기 때문이었는지도 모른다.

뜻을 세워 무엇을 할 것인가?

이처럼 어렵게 도착한 일본에서 이병철은 꿈을 활짝 펼쳤을까요? 처음에 그는 와세다대학교에 입학해 열심히 공부했어요. 그런데 불행히도 2학년 때 건강이 너무 나빠져서 한국으로 돌아와야 했답니다. 결국 여러 학교를 다녔지만 졸업장은 하나도 받지 못한 셈이 되었어요.

하지만 일본 유학 생활을 통해 세상에 눈뜬 부분도 있었죠. 그는 아버지에게 말했습니다.

"아버지, 우리 집 하인들을 자유롭게 해 주면 어떨까요?"

아버지는 아들의 제안을 받아들여 30명의 하인들을 풀어주고, 땅과 돈까지 나눠줬어요. 당시 사람들로서는 깜짝 놀라는 것을 넘어서 충격을 받을 정도의 결정이었어요. 일부는 '쓸데없이 재산을 탕진한다'며 비난했다고 해요.

건강 악화로 고향으로 돌아온 이병철. 그때부터 2년 동안 그는 빈둥거리며 시간을 보냈습니다. 취직할 생각은 않고, 밤이면 친구들과 골패도박에 빠져 아침이 되어서야 집으로 돌아오곤 했어요.

그러던 어느 날 도박을 마치고 집에 돌아온 이병철의 눈에 평화롭게 잠든 세 아이가 보였습니다. 그는 갑자기 정신이 번쩍 들었습니다.

'내가 지금 뭘 하고 있는 것인가? 이제 뜻을 세워야 한다. 그렇다면 무엇을 할 것인가? 내 성격에는 사업이 가장 알맞으니, 사업을 해보자!'

이때 이병철의 나이는 어느덧 26세가 되어 있었습니다.

재능은 창업, 특기는 다시 일어서는 것!

스물여섯 살의 이병철은 새로운 도전을 시작했어요. 아버지에게서 돈을 빌려 마산에 정미소를 열었죠. 마산은 일본이 우리나라의 쌀을 배에 실어 가는 중요한 항구였어요.

처음엔 실수도 많았어요. 쌀값이 오르면 사고, 내리면 팔아서 큰 손해를 봤죠. 하지만 이병철은 포기하지 않았어요. 경험을 쌓으면서 점점 나아졌고, 마침내 쌀값이 오르면 팔고 내리면 사는 방법을 터득해 돈을 벌기 시작했어요.

이병철의 사업은 점점 더 커졌어요. 20대의 트럭을 사서 운송업까지 시작했죠. 은행에서 돈도 빌려 땅을 사기 시작했어요. 어느새 200만 평의 땅을 가진 경남 최고의 부자가 되었답니다.

하지만 1937년, 뜻밖의 일이 일어났습니다. 중국과 일본 사이에 전쟁이 터진 것이에요. 은행은 빌려준 돈을 빨리 갚으라고 했고, 땅값은 크게 떨어졌어요. 이병철은 어쩔 수 없이 땅을 싸게 팔아 빚을 갚았죠. 그렇게 그는 다시 빈털터리가 되고 말았습니다.

순식간에 천당에서 지옥으로 떨어진 것 같은 실패를 경험하

고, 이병철은 사업에서 중요한 다섯 가지를 깨달았어요.[19]

첫째, 국내외의 정치 상황을 정확하게 파악해야 한다.

둘째, 욕심을 버리고 자기 능력과 한계를 냉철하게 파악해야 한다.

셋째, 요행을 바라는 투기는 절대로 피해야 한다.

넷째, 빠르고 현명한 판단을 하는 '직관력'을 높여야 한다.

다섯째, 실패하면 미련 없이 정리하고 새로운 길을 찾아야 한다.

이병철은 모든 걸 정리하고 새로운 시작을 위해 중국으로 떠났어요.

새로운 시작, 삼성의 탄생

이병철은 중국 여행에서 새로운 기회를 발견했어요.

베이징, 칭다오, 만주를 둘러보며 가능성을 찾던 중, 만주에서 중요한 사실을 알게 되었죠. 만주는 바다가 없어서 건어물 값이 비쌌고, 추운 날씨 때문에 과일도 귀했어요. 이를 수출하면 큰돈을 벌 수 있겠다고 생각했습니다.

삼성상회의 초창기 모습. 2017년, 대구삼성창조캠퍼스 안에 옛 건물 그대로 복원되었어요. 출처: 호암재단

한국으로 돌아온 이병철은 1938년 3월 1일, 대구에서 '삼성상회'를 열었습니다. 3만 원으로 시작해 건어물과 과일을 만주로 보내는 일을 시작했어요.

삼성이라는 이름에는 특별한 뜻이 있어요. '3'은 한국인이 좋아하는 숫자로 크고, 많고, 강하다는 뜻이에요. '성星, 별 성'은 영원히 밝게 빛나는 별을 의미합니다. 이병철은 "하늘의 별처럼 크고 강하고 영원한 회사가 되길 바란다"는 뜻으로 '삼성'이라고 이름 지었어요.

삼성상회는 빠르게 성장했어요. 1941년에는 '별표국수'라는 제품을 만들어 대박이 났죠. 공장은 밤낮없이 24시간 돌아갔습니다. 이때 이병철에게는 여덟 명의 자녀가 있었어요. 아들이 셋, 딸이 다섯 명이었죠. 그런데 이 많은 가족이 공장 한쪽 구석에서 칸을 나누어 잠을 잤다는 것 아세요? 비록 좁은 공간이었지만, 가족과 함께 꿈을 키워 나갔던 시간이었을 것입니다.

리더란 나보다 훌륭한 직원을 찾는 사람

이병철의 사업은 점점 커졌어요. 술을 만드는 양조업에도 진출했죠. 이때부터 이병철은 회사 운영을 사장과 지배인에게 맡겼어요. 자신은 다음 사업을 구상하고 미래 전략을 세우는 일에 집중했습니다.

이병철은 자신의 경영 방식에 대해 이렇게 말했어요.

"사소한 일들은 알려고도 하지 않고, 알지도 못합니다. 대신 훌륭한 인재를 찾아서 모든 걸 맡깁니다." [1]

그리고 직원을 뽑을 때는 다음의 원칙을 지켰다고 합니다.

의심이 가면 사람을 고용하지 말라. 의심하면서 사람을 부리면 그 사람의 장점을 살릴 수 없다. 그리고 고용된 사람도 결코 제 역량을 발휘할 수는 없을 것이다. 사람을 채용할 때는 신중을 기하라. 그리고 일단 채용했으면 대담하게 일을 맡겨라.'⁹

1945년 8월 15일, 우리나라가 일본에서 독립했어요. 이 사건은 이병철의 생각을 크게 바꿨죠. 그는 이제 개인의 발전뿐만 아니라 나라를 위해서도 좋은 일을 해야겠다고 다짐했어요.

1948년, 이병철은 대구의 삼성상회를 직원들에게 맡기고 서울로 갔어요. 그리고 친구들과 함께 삼성물산을 시작했습니다. 삼성물산은 빠르게 성장해서 우리나라에서 7번째로 큰 무역회사가 되었어요.

그러나 1950년 6월 25일, 한국전쟁이 일어나면서 한순간에 모든 것을 잃고 말았습니다. 해외로 물건을 팔기 위해 인천항에 보관해 두었던 물건들을 북한군에 빼앗기고, 전쟁 속에서 모두 사라진 것이었죠.

당시 이병철은 목숨이 위태로운 상황이었습니다. 피난 갈 기회를 놓쳐 서울에 남게 되었거든요. 당시 북한군은 사업가들을 잡으면 바로 처형하거나 북한으로 끌고 갔기 때문에 정말 위험했어요.

이때 이병철을 구한 사람은 바로 그의 운전기사 위대식이었습니다. 위대식은 이병철을 북한군으로부터 숨겨 주었어요. 몇 달 동안 지하와 다락방에서 숨어 지내며 목숨을 건졌죠. 나중에는 대구로 무사히 갈 수 있었습니다.

위대식은 왜 이렇게 큰 위험을 무릅쓰고 이병철을 도왔을까요? 평소 이병철이 베풀었던 배려와 감사함을 잊지 않았기 때문이에요.

위대식의 도움은 여기서 끝나지 않았어요. 그는 인천으로 가서 삼성물산 창고를 지키던 북한군에게 돈을 주고 물건들을 몰래 빼냈어요. 그리고 그 물건들을 암시장에서 팔아 돈을 마련했고요. 그 돈으로 트럭을 사서 이병철과 함께 대구로 갈 수 있었답니다.

이병철은 위대식의 충성심에 깊이 감동했어요. 나중에 위대식을 삼성그룹의 임원으로 대우했고, 위대식이 세상을 떠났을 때는 용인의 좋은 자리에 무덤을 만들어 주었습니다. 지금도 위대식의 무덤 옆에 이병철 부부의 무덤이 있다고 해요.

전쟁으로 모든 것을 잃고 마음이 무거워진 이병철이 대구의 양조장에 들렀어요. 그런데 놀라운 일이 그를 기다리고 있었죠!

김재소 사장, 이창업 지배인, 김재명 공장장, 그리고 일부 직원들이 전쟁 중에도 양조장을 지키고 있었어요. 이병철은 고개를 숙이며 말했습니다.

"이제 저는 완전히 빈손이 되었습니다…. 당분간 여러분에게 신세를 좀 져야 할 것 같습니다."

그러자 김재소 사장이 말했습니다.

"사장님. 걱정 마세요. 저희가 그동안 양조장을 운영해 3억 원 정도를 모아놨습니다. 이 돈으로 다시 사업을 하시죠."

이병철은 감격했습니다. 전쟁 중이라 누구든 돈을 가지고 도망 갈 수 있었는데, 직원들은 오히려 돈을 모아두고 있었거든요.

사람은 위험한 순간에 진짜 모습이 드러난대요. 운전기사 위대 식과 양조장 직원들의 행동을 보면, 이병철이 평소에 얼마나 직원 들을 아끼고 신뢰했는지 알 수 있습니다.

이런 경험을 바탕으로 이병철은 삼성그룹의 사훈_{회사의 기본 정신} 을 '인재제일'로 정했어요. '인재제일'이란 '사람이 가장 중요하다' 는 뜻이에요. 훌륭한 사람을 키우고, 그 사람들에게 일을 맡기는 것이 회사의 성공에 가장 중요하다고 생각한 거죠.

이병철은 평소에 이런 말을 자주 했다고 합니다.

"내 인생의 80퍼센트는 인재를 찾고, 교육을 시키는 데 썼다."

제조강국의 서막을 연 삼성의 변신

전쟁 후, 이병철은 한국을 다시 일으키기 위해 제조업이 필요하다고 생각했어요. 무역업과 술 만드는 일로 돈은 많이 벌었지만, 나라와 국민들에게 큰 도움이 되지 않는다고 느꼈거든요.

그가 제조업을 통해 이루고자 하는 목표는 명확했어요. 한국의 산업을 키우고, 싼 국산 제품을 국민들에게 공급하고, 좋은 일자리를 만드는 것이었죠.

그의 눈에 들어온 것은 설탕이었습니다. 당시 한국은 기본적인 생필품조차 대부분 외국에서 사들여야 했는데, 설탕도 그중 하나였어요. 특히 한국에서 판매되는 설탕은 세계 시장보다 3배나 비싸서, 국민들이 큰 손해를 보고 있었죠.

1953년 6월, 이병철은 부산에 설탕공장 부지를 마련하고 '제일제당'을 창업했어요. 일본 기업과 계약을 맺어 설탕을 만드는 장비를 설치하고 기술도 배우기로 했죠.

하지만 큰 문제가 생겼어요. 독립운동을 했던 이승만 대통령은 일본이라면 질색했거든요. 그래서 일본 기술자가 한국에 오는 것을 막아버린 거예요. 이병철은 당황했지만 포기하지 않았어요. 직원들과 함께 매일 밤을 새워가며 직접 기계를 설치하기 시작했습니다.

드디어 모든 장비 설치를 끝내고, 직원들과 구경 온 시민들이 모였어요. 한국 최초의 현대식 공장이 가동되는 순간이었죠. 모두가 숨죽이고 하얀 설탕이 나오기를 기다렸습니다.

그런데 기계가 덜컹거리더니 검은 액체가 쏟아져 나왔어요! 모두 실망했죠. 이병철은 당황했지만 문제를 해결하려고 애쓰며, 일본 기술자에게 전화했습니다. 그러나 도움이 되지 않았어요.

사흘이 지나도록 문제를 해결하지 못하고 있을 때, 한 용접공이 말했습니다.

"원료를 적당히 넣어야 하는데, 너무 많이 넣은 것 아닙니까?"

일본에서 설탕 제조 기술을 배우고 온 직원이 그 말을 듣고 퉁명스럽게 대꾸했습니다.

"당신이 뭘 안다고…. 참견하지 마세요."

하지만 이병철은 모든 가능성을 열어두고 문제를 해결하려 했어요. 용접공의 의견을 받아들여 원료를 조금 줄여 다시 시도해보기로 했죠. 그러자 놀라운 일이 일어났습니다! 덜컹거리던 기계가 조용해지더니 하얀 설탕이 쏟아져 나온 거예요.

현장의 모든 직원들이 만세를 외치며 기뻐했어요. 이병철은 이 하얀 설탕을 '백설'이라고 이름 지었습니다. 그리고 1953년 11월 5일, 설탕이 처음 만들어진 이 날을 기념해 제일제당의 창립일로 정했어요.

그로부터 3년이 지나, 이 공장은 1천 명 이상이 일하는 큰 사업장이 되었어요. 덕분에 한국은 더 이상 설탕을 외국에서 사지 않아도 되었죠.

지금 제일제당은 CJ제일제당으로 이름을 바꾸고, 전 세계에 한국 음식과 문화를 알리고 있어요. '비비고' 브랜드로 미국에서만 1년에 6조 원에 달하는 매출을 기록하며 한국의 맛을 세계에 널리 전파 중입니다.

이병철은 여기서 멈추지 않았어요. 제일제당을 세운 지 1년 후, 제일모직을 시작으로 한국타이어, 삼척시멘트 등 다양한 제조업을 시작했어요. 이렇게 해서 삼성그룹은 우리나라 최고의 기업으로 자리 잡게 되었답니다.

초밥의 밥알이 몇 개입니까?

이병철은 새로운 사업을 시작할 때 매우 꼼꼼하게 계획을 세웠습니다. 미래를 내다보는 능력으로 과감한 결정을 내리고, 누구보다 빠르게 실천에 옮겼죠. 이것이 이병철만의 특별한 경영 방식이었어요.

이병철에게 가장 큰 도움이 된 것은 바로 메모와 질문이었답니다.

이병철은 메모의 달인이었습니다. 매일 아침 여섯 시에 일어나 샤워를 하고 나면, 그날 해야 할 일을 꼼꼼하게 메모했죠. 보통 열다섯 가지 정도를 적었대요. 거기에는 다음과 같은 것들이 포함되어 있었어요.

- 오늘 해야 할 일
- 아직 끝내지 못한 일
- 알아봐야 할 것
- 다시 확인해야 할 것
- 만날 사람들
- 점심 먹을 사람
- 전화할 곳
- 방문할 곳
- 살 물건
- 상 줄 사람, 벌 줄 사람
- 구입할 책 제목
- TV와 신문에서 본 내용 요약

이병철은 매일 아침 쓴 메모를 들고 삼성 본관 28층 자신의 사무실로 출근했어요. 그리고 메모를 보면서 일정을 진행했죠.

전국경제인연합회 부회장이었던 손병두에 따르면, 이병철은 메모에 "손 군 20분"이라고 적어두면, 정확히 20분만 그 사람을 만났다고 합니다. 그만큼 시간을 아주 꼼꼼하게 지켰던 거예요. 그리고 메모를 통해 시간을 분초 단위로 효율적으로 사용했어요. 퇴근할 때도 메모에 실천하지 못한 항목이 있으면 이를 다시 수첩에 옮겨 적어 집으로 가져가서 마무리했다고 해요. [20]

한편, 그는 질문을 통해 사람들과 특별한 방식으로 대화했어요. 그의 대화 방식은 이랬답니다.

경청하기 상대방이 말할 때 절대 중간에 끼어들지 않고 끝까지 들었어요.

꼬리에 꼬리를 무는 질문 상대방의 말이 끝나면 계속해서 이어지는 질문을 했어요. 이런 방식을 '소크라테스식 질문'이라고 해요.

정보 파악과 평가 이렇게 질문하면서 상대방이 가진 정보와 지식 수준을 파악했어요.

깨달음 주기 계속 질문을 받다 보면 어느 순간 대답하기 어려운 질문이 나와요. 그때 상대방은 '아, 내가 이걸 모르고 있었구나'하고 깨닫게 되죠.

이런 방식으로 직원들은 스스로 더 공부하고 새로운 해결책을 찾게 되었어요.

이와 관련된 유명한 일화가 있습니다.

이병철은 신라호텔의 일식당 조리부장을 일본의 유명한 호텔과 초밥집에 자주 연수 보냈어요. 조리부장은 감사했지만, 속으로는 약간의 불만도 있었죠. '내가 이미 최고인데, 작은 초밥집에서 뭘 더 배우겠어?'라고 생각했던 거예요.

어느 날, 이병철이 그 조리부장에게 물었어요.

"연수는 잘 다녀왔습니까?

"예, 회장님."

"초밥에 대해 많이 배웠습니까?"

"그럼요. 밥 무게와 생선 무게를 15그램으로 같게 하고, 온도는…."

조리부장은 자신 있게 초밥에 대해 설명했어요. 이병철은 조용히 경청하며 고개를 끄덕이다가 질문했습니다.

"초밥 한 점에 밥알은 몇 알입니까?"

"네? … 그건 모르겠습니다."

조리부장은 놀라서 직접 초밥을 풀어 밥알을 세어봤어요.

"320알입니다."

그러자 이병철이 말했어요.

"낮에는 밥으로 먹기 때문에 초밥 한 점에 320알이 맞아요. 하지만 저녁에는 술안주로 먹기 좋게 280알 정도가 있어야 정석입니다."

그리고 이병철은 덧붙였습니다.

"요리에 장인정신을 가지고, 어떤 일을 맡든 간에 최고가 되겠다는 마음을 가지십시오. 고객에게 제공하는 서비스에 자신의 이름을 거는 일, 그것이 일류가 되는 길이 아니겠습니까."

조리부장은 이 대화를 통해 자신이 모르는 게 많다는 걸 깨달았어요. 소크라테스가 사람들을 일깨웠듯 '무지의 자각모른다는 사실을 깨닫는 것'을 한 것이죠. 그리고 더 열심히 배워서 최고의 요리사가 되겠다고 다짐했답니다."

커다란 전환, 새로운 시대가 시작되다

6·25 전쟁 후, 한국은 미국의 도움에 많이 의지하고 있었어요. 매년 2억 5천만 달러의 원조를 받았는데, 그중 1억 달러를 비료를 사는 데 썼죠.

이병철은 이 상황을 보고 '우리나라에서 비료를 만들어야겠다' 고 결심했어요. 그는 세계 최대 규모의 비료공장을 세우기로 했습니다. 이는 당시 일본의 가장 큰 공장보다 두 배나 큰 규모였어요!

이렇듯 그는 항상 세계 최고를 목표로 했습니다. 크게 만들어 비용을 줄이고, 좋은 제품을 만들어 경쟁력을 높이려 했어요.

1965년, 이병철은 울산에 35만 평의 공장 부지를 매입하고, '한국비료'를 설립했습니다. 그리고 24시간 쉬지 않고 공사를 진행했어요. 러시아는 비료공장 건설에 50개월이 걸릴 것이라고 예상했지만, 이병철은 비용 절감을 위해 18개월 만에 완공할 계획을 세웠습니다.

그런데 큰 문제가 생겼어요. 한국비료가 일본 회사와 함께 사카린이라는 물건을 몰래 들여온 게 들통 난 거예요. 이 일로 이병철의 둘째 아들 이창희가 구속되었어요. 1966년 9월 22일, 이병철은 국민들 앞에서 사과하고 은퇴를 선언했어요. 그리고 비료공장을 나라에 바치기로 했습니다.

이병철은 자서전에서 이 사건을 이렇게 회상했어요.

파란 많던 나의 생애에서도 더할 나위 없는 쓰디쓴 체험이었다. 어느 간부사원은 이 사건 때문에 삼성이 파산하는 줄 알고 삼성재산의 30퍼센트를 횡령하기도 했다.

하지만 그는 어려움을 새로운 기회로 바꾸는 능력이 뛰어난 인물이었죠. 은퇴를 하고 나서도 계속 한국과 삼성의 미래를 고민했어요. 그러다 1968년, 전자산업에 큰 가능성이 있다는 걸 깨닫고, 다시 회사로 돌아왔습니다.

이듬해인 1969년 1월 13일, 이병철은 '삼성전자'를 설립했습니다. 그는 전자산업이 한국의 경제 상황에 가장 적합한 산업이라고 확신했어요. 기술 발전, 풍부한 노동력 활용, 높은 부가가치 창출, 국내 시장의 성장 가능성, 그리고 수출 전망 등 여러 면에서 장점이 있다고 봤죠.

이병철의 계획은 단계적이었어요. 처음에는 TV와 냉장고 같은 가전제품으로 시작해 기반을 다지고, 그다음에는 더 높은 기술력이 필요한 반도체와 컴퓨터 분야로 발전시키려 했습니다. 장기적인 비전을 가지고 전자산업에 뛰어들었던 거예요.

완전히 문제가 없었던 건 아니었습니다. LG전자를 만든 구인회 회장은 이병철의 초등학교 친구였어요. 자녀끼리 결혼해서 사돈지간이기도 했죠. 하지만 이병철이 전자산업에 뛰어들면서 둘의 관계는 매우 나빠졌습니다.

이후 삼성전자와 LG전자는 숙명의 라이벌이 되었어요. 둘 간의 치열한 경쟁은 두 회사가 TV, 세탁기, 에어컨, 냉장고 등의 세계 1등 가전제품을 생산하는 원동력이 되었습니다.

미래를 내다본 선택

이병철의 셋째 아들 이건희는 어린 시절부터 아버지처럼 미래를 내다보는 뛰어난 직관력을 가지고 있었습니다. 그는 다른 사람들보다 한 발 앞서 반도체 사업에 큰 관심을 가졌어요.

이건희는 이렇게 생각했습니다.

'20세기에는 철이 가장 중요한 자원이었지만, 21세기에는 반도체가 가장 중요한 자원이 될 거야.'

반도체는 컴퓨터, 휴대폰 등 거의 모든 전자기기에 들어가는 핵심 부품이에요. 그러한 반도체의 중요성을 미리 알아본 것이죠.

이런 생각을 바탕으로 이건희는 1974년, 큰 결단을 내립니다. 무려 4억 원을 들여 '한국반도체'라는 회사를 산 것입니다. 그 당시 4억 원은 정말 큰돈이었어요.

그렇다면 한국반도체는 어떤 상황이었을까요? 실은 시계에 들어가는 작은 칩을 만드는 소규모 회사에 불과했답니다. 최신 기술과는 거리가 멀었고, 게다가 계속해서 손실을 보고 있었어요. 많은 사람이 이건희의 결정을 두고 "과연 성공할 수 있을까?"라는 의문을 가졌죠.

하지만 이건희는 포기하지 않았습니다. 그는 믿음을 가지고 회사의 미래를 향해 한 걸음씩 나아갔습니다. 1978년, 그는 이 회사의 이름을 '삼성반도체'로 바꾸고 새롭게 시작했습니다.

이병철 또한 반도체 산업의 가능성을 직접 확인하고 싶었어요. 그래서 심한 비행기 멀미에도 불구하고 미국 실리콘밸리로 갔습니다.

그곳에서 그는 IBM의 컴퓨터와 반도체 공장을 구경하며 큰 영감을 받았어요. 그러나 그가 가장 놀랐던 순간은 HP 사무실을 방문했을 때였어요. 그곳에서는 모든 직원이 컴퓨터로 업무를 처리하고 있었거든요. 지금은 컴퓨터로 일하는 것이 흔하지만, 당시 우리나라에서는 대부분의 사무실 업무가 여전히 수작업으로 이루어졌어요.

"이게 사무실입니까?"

이병철은 믿기지 않는다는 듯 물었습니다.

"네, 우리는 컴퓨터로 모든 계산, 기획, 보고까지 하고 있습니다. 우리 회사는 단돈 1천 달러로 작은 지하실에서 창업했죠."

HP 직원이 대답했습니다.

실리콘밸리에서 반도체가 어떻게 미래 산업의 중심이 되는지 직접 본 이병철은 한국에 돌아오자마자 삼성의 중요한 임원들을 모두 불러 모았습니다.

당시 이 회의에 참석했던 소병해 비서실장은 후에 이렇게 회상했습니다.

"회장님은 '이제 반도체가 없으면 우리나라가 곧 미국과 일본에 예속되는 시대가 온다'고 말씀하셨어요. 그리고 '3년 내로 일본을 따라잡자. 그러자면 일하는 속도를 3배로 높여야 한다'고 하셨습니다."

반도체는 왜 중요할까?

반도체는 우리가 매일 사용하는 전자기기의 핵심입니다. 스마트폰, 컴퓨터, TV, 자동차까지 모든 전자기기에는 반도체가 들어 있죠. 이 작은 칩은 기기들이 정보를 빠르고 정확하게 처리할 수 있게 도와줍니다.

반도체가 중요한 이유는 그뿐만이 아닙니다. 반도체가 발전하면 인공지능AI, 자율주행차, 로봇 같은 미래 기술도 함께 발전할 수 있습니다. 그래서 반도체는 한 나라의 경제와 기술 발전에 큰 영향을 미칩니다.

만약 반도체가 없다면 오늘날의 많은 전자기기는 제대로 작동하지 않을 거예요. 이처럼 반도체는 우리 생활 속에서 꼭 필요한 기술이자, 미래를 이끄는 중요한 열쇠입니다.

1982년 10월, 이병철은 삼성 내에 새로운 팀을 만들었어요. 바로 반도체·컴퓨터 사업팀이었죠. 그는 팀을 통해 반도체의 생산 원가, 판매가격, 성능, 그리고 경쟁업체 등을 철저히 분석하면서 중장기 계획을 세웠습니다. 이병철은 성공을 위한 전략을 아주 치밀하게 준비했어요.

그리고 마침내 1983년 2월 8일, 이병철은 도쿄에서 중요한 발표를 하게 됩니다. 바로 삼성의 반도체 사업 진출을 공식 선언한 것이에요.110~111페이지 참고 이병철은 이 사업이 삼성의 발전에 반드시 필요한 기술이라고 확신했고, 반도체 산업이 앞으로 국가와 회사의 미래를 이끌어 갈 핵심이 될 것이라고 믿으며 이렇게 말했어요.

"삼성은 이 땅에 반도체 산업의 꽃을 피우고 있습니다. 기술개발만이 우리가 잘 사는 길." 도쿄선언 직후 삼성이 언론에 실은 광고입니다. 국토가 좁고 자원이 빈약한 한국에서는 고도의 첨단기술개발이 시급한 과제임을 알리고 있어요. 출처:삼성전자

세계 각국의 보호무역주의 강화로 대량수출에 의한 국력 신장도 이제는 한계에 이르렀다. 반도체 산업은 그 자체로서도 상징성이 클 뿐 아니라 타 산업으로의 파급효과도 지대하고 기술 및 두뇌 집약적인 고부가가치 산업이다. 이제 삼성은 반도체 사업에 진출하겠다.

이병철은 반도체가 단순히 한 산업에 그치지 않고 다른 산업으로 큰 영향을 미치리라 예견했어요. 또한, 반도체가 고부가가치 산업으로써 국가 경제에 필수적인 역할을 할 것이라고 믿었습니다.

반도체 전쟁을 위해 인재를 모시다

이병철은 반도체 중에서도 특히 '메모리'라는 종류의 반도체를 만들기로 결심했어요. 메모리는 컴퓨터나 스마트폰의 정보를 임시로 저장하는 기억장치의 역할을 합니다. 아주 중요한 부품이에요.

당시 메모리 분야에서는 일본이 앞서 나가고 있었어요. 이병철은 '일본이 미국보다 기술이 떨어져도 메모리를 만들었으니, 우리도 할 수 있을 것'이라고 생각했습니다. 야심 차게 공장 건설과 제품을 동시에 개발하기 시작했죠.

하지만 큰 문제가 있었어요. 한국에는 반도체를 만들 수 있는 전문가가 없었던 것입니다. 이병철은 수소문 끝에 스탠퍼드대학교에서 박사 학위를 받고, UC버클리 공대에서 컴퓨터 공학을 가르치던 이임성 박사를 찾아냈습니다. 그는 '샤프'라는 일본 기업의 반도체 사업부 고문을 맡아 적자에 빠진 회사를 흑자로 돌려놓았을 만큼 뛰어난 인재였죠.

그런데 이임성 박사는 처음에 이병철의 제안을 거절했습니다. "반도체 시장은 시장 변동이 너무 빠르고, 막대한 자본 투자가 들어갑니다. 앞으로 어떻게 될지도 모르는데 제가 참여하기는 어렵겠습니다."

이병철은 포기하지 않았습니다. 그는 이렇게 말했습니다.

"이 박사! 지금 내 나이가 일흔이 넘었는데 내가 돈 더 벌자고 반도체 사업을 시작하려는 게 아닐세. 이 사업이 어려운 줄 알지만, 한국경제의 미래가 달린 일일세. 이 박사는 UC버클리에서 학생들을 가르치고, 일본 회사까지 도와주고 있으면서 어찌 조국의 국운이 걸린 이 사업은 못 도와주는가?" [22]

이 말에 이임성 박사는 큰 감동을 받았습니다. 그래서 결국 미국 산타클라라에 작은 사무실을 열고 삼성반도체 회사의 사장이 되어 반도체 개발을 이끌게 되었어요.

이렇게 시작된 삼성의 반도체 사업은 점점 커졌습니다. 나중에는 35명이나 되는 직원들이 일하게 되었고, 64K D램이라는 중요한 반도체 제품도 만들어냈죠. 게다가 한국에서 온 직원들에게 새로운 기술을 가르치는 중요한 역할도 했답니다.

같은 시기, 이병철뿐만 아니라 그의 아들 이건희도 미국을 자주 오가며 반도체 전문가들을 찾아다녔습니다. 그는 뛰어난 인재를 모시는 것이 반도체 개발의 성공을 앞당기는 가장 빠른 길이라고 확신했어요.

그 과정에서 이건희는 한 젊은 박사를 만나게 됩니다. 그 사람은 바로 진대제 박사였어요. 진대제는 국비유학생 1호로 스탠퍼드 대학교에서 전자공학 박사를 취득한 후, IBM 연구소에서 메모리 개발을 담당하고 있던 유능한 인재였죠.

이건희는 진대제에게 물었습니다.

"어떤 대우를 해주면 삼성으로 오시겠습니까?"

진대제는 답했어요.

"마음 놓고 개발할 수 있도록 임원 자리를 만들어 주십시오."

당시 진대제는 35세에 불과했기에, 그 나이에 삼성 임원이 되는 것은 매우 이례적인 일이었습니다. 하지만 이건희는 아버지 이병철에게 그를 추천했어요. 이병철은 진대제를 직접 만나 이야기를 나눈 후, 그를 삼성전자의 최연소 임원으로 발탁했습니다. 이 파격적인 결정은 삼성의 미래를 반도체 산업에 걸었다는 것을 보여주는 상징적인 일이었죠.

진대제 박사만이 아니었습니다. 당시 삼성은 반도체 인재들을 모으기 위해 놀라운 대우를 제시했어요. 삼성전자 사장의 월급이 약 100만 원이었던 시절, 이병철은 반도체 전문가들에게 400만 원 이상의 월급과 함께 아파트까지 제공했다고 해요.

진대제 박사가 근무하던 IBM에서도 그를 잡기 위해 백지수표까지 내밀었어요. 백지수표는 원하는 만큼의 금액을 주겠다는 뜻이에요. 하지만 진대제 박사는 삼성으로 가겠다고 결정하며 이렇게 말했습니다.

"한국의 반도체 산업을 일으켜 일본을 집어삼키겠다."

이 결단으로 삼성은 또 한 명의 뛰어난 인재를 영입하게 되었고, 한국의 반도체 산업은 더 빠르게 성장할 수 있는 중요한 기반을 확보했답니다.

반도체 개발, 무모해 보이는 도전의 시작

이병철과 이건희는 전 세계에서 우수한 인재들을 모아 64K D램 개발팀을 만들었습니다. 64K D램은 당시 최첨단 메모리 반도체였어요. 하지만 대부분의 팀원은 삼성전자에서 발령을 받아 온 사람들이었고, '반도체'라는 단어조차 처음 들어본 이들이 많았어요. 이들의 도전은 정말 힘들고 막막해 보였습니다.

개발팀은 본격적인 개발에 앞서 특별한 행사를 준비했어요. 바로 64K D램을 상징하는 64킬로미터의 행군이었죠. 추운 겨울, 개발팀은 하루 밤낮 동안 쉬지 않고 걸으며 성공을 기원했습니다.

힘겨운 행군 중 유일한 휴식 시간은 밥을 먹는 시간뿐이었어요. 미리 준비한 도시락을 연 직원들은 그 안에서 뜻밖의 쪽지를 발견했어요. 쪽지에는 이렇게 적혀 있었습니다.

"대한민국의 명운이 그대들에게 달렸다."

이 짧은 문장을 읽은 직원들은 말없이 눈물을 흘렸습니다. 자신들이 걸어가는 이 길이 단순한 회사의 성공을 넘어, 나라의 미래와 연결되어 있다는 것을 깨달았기 때문이에요.

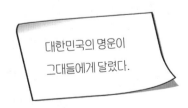

대한민국의 명운이
그대들에게 달렸다.

한편, 이병철은 반도체 기술을 얻기 위해 미국의 반도체 회사인 마이크론과 거래를 했습니다. 400만 달러를 지급하는 대신 설계도면을 받고 개발팀을 연수 보내기로 한 것이죠. 하지만 이 계획은 생각처럼 순조롭게 진행되지 않았습니다.

마이크론이 약속을 지키지 않았거든요. 오히려 삼성 팀을 감시하고, 중요하지 않은 서류를 복사했다는 이유로 연수생들을 쫓아내기까지 했습니다. 당시 연수에 참여했던 개발팀의 한 멤버에 따르면 "설계 사무실에 들어가 보지도 못했고, 설계 엔지니어를 만나 보지도 못했다"고 해요.

마이크론에서 겪은 수모를 뒤로 하고, 삼성 개발팀은 일본 샤프로 향했습니다. 샤프는 반도체 제조 공정을 알려주기로 약속했지만, 실제로는 마이크론과 크게 다르지 않았어요. 가장 중요한 장비의 치수는 전혀 알려주지 않았죠.

하지만 삼성 개발팀은 포기하지 않았습니다. 대신 창의적인 방법을 생각해 냈어요. 팀원들이 자신의 몸을 기준으로 장비의 크기를 어림잡아 재기 시작한 거예요. 각자 신체 사이즈를 이용해 측정한 결과를 머릿속에 기억해 두었다가, 밤에 호텔로 돌아가면 외운 정보를 토대로 실측 도면을 그리며 분석했어요.

팀원들은 농담을 섞어 말하곤 했어요.

"그때 처음으로 내 신체 사이즈를 정확히 알게 됐어요."

하지만 이런 방식으로는 한계가 있었습니다. 마침내 개발팀은 스스로 기술을 개발해야 한다는 중요한 결론에 도달했어요. 그들은 매일 아침 '반도체인의 신조'를 외치며 정신을 무장했습니다.

삼성전자 반도체인의 신조

- 안 된다는 생각을 버려라
- 큰 목표를 가져라
- 일에 착수하면 물고 늘어져라
- 지나칠 정도로 정성을 다하라
- 이유를 찾기 전에 자신 속의 원인을 찾아라
- 겸손하고 친절하게 행동하라
- 서적을 읽고 자료를 뒤지고 기록을 남겨라
- 무엇이든 숫자로 파악하라
- 철저하게 습득하고 지시하고 확인하라
- 항상 생각하고 연구해서 신념을 가져라

이러한 강행군은 직원들의 건강에 큰 무리를 주었어요. 당시 개발팀에 있던 류병일 씨는 그때를 이렇게 회상했습니다.

"평행감각을 잃어버렸어요. 귀에서는 계속 멍멍 소리가 나고, 누가 옆에서 몇 번씩 불러도 잘 안 들리고, 땅이 스펀지처럼 푹신 푹신한 느낌이 들기도 했죠."

그나마 다행이었던 점은 개발팀과 생산팀이 같은 공간에서 일했기 때문에, 새롭게 개발된 기술을 바로 생산 과정에 적용할 수 있었다는 거예요. 그 덕분에 문제를 함께 고민하며 신속히 해결책을 찾아나갈 수 있었죠.

그렇게 6개월이 흘렀지만, 여전히 개발은 실패를 거듭하고 있었어요. 어느 날, 긴 회의 도중 한 직원이 새로운 제안을 했습니다.

"아무리 봐도 잘못을 찾을 수가 없습니다. 검사 조건이 너무 높게 책정된 거 아닙니까? 검사 조건을 다시 검토해 보면 어떨까요?"

이 제안을 받아들여 검사 조건을 조금 완화하고 다시 생산해 보았습니다. 그 결과, 마침내 정상적으로 작동하는 64K D램이 탄생했어요! 그토록 기다리던 순간이 드디어 온 것입니다.

하지만 성공의 기쁨도 잠시, 그동안의 긴장과 피로가 한꺼번에 몰려와, 직원들은 그 자리에서 쓰러졌다고 해요.

1983년 12월 1일, 삼성은 세계에서 세 번째로 64K D램 독자

개발에 성공했다고 발표했습니다. 이 소식은 전 세계를 놀라게 했어요. 미국과 일본이 6년 넘게 걸려 개발한 기술을 삼성이 단 1년 만에 완성해 냈으니까요.

이 성공은 삼성 직원들의 끊임없는 노력과 도전 정신, 그리고 창의적인 문제 해결 능력이 만들어 낸 결과였어요. 이를 통해 한국의 반도체 산업은 세계 무대에 당당히 발을 내디뎠고, 이후 눈부신 발전을 이루게 됩니다.

스티브 잡스가 이병철을 만나러 온 이유

1983년 11월, 이병철이 64K D램 개발에 온 힘을 쏟고 있을 때, 미국에서 한 청년이 삼성 본사를 찾아왔습니다. 그 청년은 바로 28세의 스티브 잡스애플의 창업주였죠. 잡스는 삼성이 반도체 산업에서 빠르게 성장하는 모습을 보고, 삼성이 곧 반도체 시장을 주도할 것이라고 확신했습니다.

잡스가 한국을 찾은 이유는 두 가지였어요. 하나는 자신의 매킨토시 컴퓨터에 필요한 반도체 메모리를 안정적으로 공급받기 위해서였고, 다른 하나는 이병철이라는 인물이 어떤 사람인지 직접 확인하고 싶어서였습니다.

이병철은 자신보다 마흔다섯 살이나 어린 잡스의 이야기를 경청하며 대화를 나눴어요.

"이제 삼성이 반도체 산업에서 큰 역할을 하게 되리라 생각합니다."

잡스가 말하자, 이병철은 담담하게 답했습니다.

"감사합니다. 삼성은 10년 안에 세계 최대의 컴퓨터칩을 공급하는 회사가 되려 합니다. 컴퓨터를 개발한다고 들었는데, 미래에 컴퓨터는 어떻게 변화할까요?"

"우리 애플은 책처럼 가볍게 들고 다니는 태블릿 PC를 세계 최초로 만들 것입니다."

놀랍게도 이 대화는 아이패드가 세상에 나오기 27년 전에 있었던 일입니다. 잡스는 그때부터 이미 태블릿 컴퓨터에 대한 꿈을 품고 있었던 거예요.[23]

잡스는 이병철과 헤어지기 전 마지막으로 물었습니다.

"경영자로서 성공하는 비결을 알려주십시오."

이병철은 이렇게 대답했어요.

"우선 지금 하고 있는 사업이 인류에게 도움이 되는지를 확인하고, 인재를 중시하며, 다른 회사와 공존공영 관계를 중시해야만 자신도 성공할 수 있습니다."[24]

이병철은 잡스를 만나고 나서 비서에게 이렇게 말했어요.

"잡스는 IBM에 대적할 인물이 될 것이다."

이 말에는 정말 놀라운 통찰력이 담겨 있었어요. 당시 IBM은 컴퓨터 업계의 절대 강자였고, 애플은 아직 작은 회사에 불과했거든요. 이병철은 잡스의 능력을 일찌감치 한눈에 알아본 것이죠.

이렇게 맺은 인연은 세월이 흘러 큰 결실을 맺게 됩니다. 2006년 2월, 애플은 삼성에게 매우 까다로운 요청을 했습니다. 아이폰에 들어갈 새로운 반도체 칩을 단 5개월 안에 개발해 달라는 것이었어요. 보통 이런 작업은 1년 이상 걸리는 일인데 말이에요!

하지만 황창규 사장을 비롯한 삼성의 기술진은 이 도전을 받아들였습니다. 그들은 밤낮없이 노력했고, 결국 이 불가능해 보이는 임무를 해냈어요. 그 덕분에 2007년 1월, 애플은 처음으로 아이폰을 발표하며 세상에 내놓았습니다. [25]

아이러니하게도 이후 삼성과 애플은 스마트폰 시장에서 최대의 라이벌이 되었답니다.

특명! 반도체 공장을 6개월 만에 완공하라

이 무렵, 이병철의 머릿속을 떠나지 않는 생각이 하나 있었어요. 바로 반도체 1공장을 짓는 것이었죠. 그가 공장 건설에 몰두한 데는 분명한 이유가 있었습니다.

반도체 산업에는 특별한 법칙이 존재해요. '1등만 살아남는다'는 것인데, 이유는 간단합니다.

타이밍이 생명 반도체는 개발하자마자 빠르게 생산해야 합니다.

선점의 중요성 새 제품을 먼저 시장에 내놓은 회사가 시장을 장악합니다.

2등은 무의미 1등 기업이 시장을 다 차지하면 2등 기업은 설 자리가 없어집니다.

삼성은 64K D램 개발에 성공했지만, 여기서 끝이 아니었어요. 이제 빠르게 생산 공장을 지어야 했죠. 왜일까요?

만약 그 사이에 미국이나 일본에서 더 좋은 반도체를 만들어 버리면 64K D램을 생산해도 살 사람이 없어질 수 있었어요. 그렇게 되면 수조 원을 한순간에 날릴 수도 있었죠. 빠르게 공장을 지어야 하는 이유는 분명했습니다.

그러나 큰 문제가 있었어요. 보통 반도체 생산라인을 짓는 데 18개월, 즉 1년 반이나 걸린다는 거였죠.

이병철은 삼성건설의 성평건 이사를 불러 특명을 내렸습니다. "기흥에 반도체 1공장을 6개월 내에 완성해라!"

1983년 9월, 드디어 반도체 공장 건설이 시작되었어요. 이병철의 특명을 받은 성평건 이사와 그의 팀은 대규모 계획을 세웠습니다. 공사를 최대한 빠르게 끝내기 위해 20만 명의 작업자를 투입한 거예요. 그리고 휴일 없이 24시간 공사를 계속했어요. 일흔이 넘은 이병철 또한 매일 공사현장에 나와 직접 지휘했답니다.

하지만 겨울이 찾아오면서 문제가 생겼습니다. 콘크리트를 굳히기 위한 작업이 추운 날씨 때문에 제대로 진행되지 않았던 거예요. 공사가 늦어질 위험이 있었죠. 성평건 이사는 고민 끝에 대형 천막을 설치하고 열풍기를 사용해 이 문제를 해결했습니다.

공장이 거의 완성될 무렵, 또 다른 문제가 발생했어요. 반도체 공장은 먼지 하나 들어가지 않는 클린룸을 먼저 완성한 뒤에, 반도체 장비를 설치하는 순서로 진행됩니다. 정밀한 반도체 장비를 옮기려면 진동이 없는 평탄한 도로가 필요했어요. 하지만 기흥반도체 공장의 진입로는 돌이 널린 흙길이었어요. 이대로라면 장비를 운송할 수 없었고, 진입로를 제대로 닦는 데만 몇 달이 걸릴 수 있었죠.

그날 밤, 모든 직원이 합심해 돌을 옮기고 도로를 평평하게 만들었어요. 그리고 다음 날 바로 포장공사를 시작해 하루 만에 진입로를 완성하고, 설비 운송을 끝낼 수 있었습니다.

그 결과 1984년 3월, 삼성은 반도체 사업을 선언한 지 1년 만에 64K D램 개발과 생산 공장 건설을 마쳤어요. 미국과 일본의 기업들은 이 소식을 듣고 큰 충격을 받았어요. 동시에 삼성의 성장에 두려움을 느끼기 시작했습니다.

반도체 치킨 게임, 최후의 승리자는?

1984년 10월, 삼성은 또 한 번 세계를 놀라게 했습니다. 256K D램의 독자 개발에 성공한 거예요. 256K D램은 정말 대단한 제품이었습니다. 64K D램보다 4배나 많은 정보를 저장할 수 있었어요. 얼마나 많은 양이냐고요? 신문 2천 장 이상의 데이터를 담을 수 있었답니다.

삼성이 이처럼 빠르게 성장하자, 일본 기업들은 큰 위기감을 느꼈어요. 그동안 반도체 시장을 주도하던 그들에게 삼성의 성장은 정말 큰 위협이었거든요.

그래서 일본은 아주 위험한 전략을 세웁니다. 바로 '치킨게임'이라는 것을 시작한 거예요.

치킨게임chicken game이란, 이름은 재미있지만 사실 아주 위험한 게임입니다. 두 명의 운전자가 서로를 향해 차를 몰고 달리는 거예요. 누가 먼저 겁을 먹고 핸들을 돌리느냐를 겨루는 거죠.

기업들이 벌이는 치킨게임도 이와 비슷해요. 계속해서 가격을 낮추거나 품질을 높이면서 경쟁한 결과, 끝내 견디지 못하는 기업은 시장에서 퇴출되고 말아요. 이런 게임을 하면 자신도 큰 손해를 볼 수 있지만, 경쟁자를 없애기 위해 위험을 감수하는 거예요.

일본 기업들은 64K D램을 이미 많이 팔아 개발비를 회수한 상태였기 때문에, 가격을 마구 낮춰도 큰 문제가 없었습니다. 그래서 64K D램의 가격을 생산원가보다 훨씬 낮은 수준까지 내렸어요. 상상해 보세요. 물건을 만드는 데 1달러 70센트가 들었는데, 30센트에 팔아야 하는 상황이었어요. 삼성은 반도체를 한 개 팔때마다 1달러 40센트씩 손해를 보고 있었습니다.

하지만 이병철은 오히려 1,900억 원이나 되는 돈을 더 투자해 두 번째 반도체 공장을 지었어요.

1986년, 삼성의 누적 적자가 2천억 원에 이르자 한 임원이 용기를 내어 이병철에게 말했습니다.

"회장님. 이러다가 회사가 망하겠습니다. 지금이라도 반도체 사업을 그만두는 게 어떻겠습니까?"

이병철의 대답은 단호했어요.

"중간에 관둘 거면 반도체 사업에 뛰어들지도 않았습니다. 손해가 나도 괜찮으니까 걱정하지 말고 끝까지 밀어붙이세요."

한편, 미국 언론은 일본의 반도체 가격 공세를 '제2의 진주만 습격'이라고 부르며 비난했습니다. 결국 인텔 같은 큰 회사도 메모리 사업을 포기할 정도였어요.

미국은 가만히 있지 않았어요. 일본의 불공정 거래를 고발하고, 여러 일본 기업들을 제소했죠. 결국 미국이 일본 제품에 높은 세금을 매기겠다고 하자 일본은 항복했습니다. 일본은 '미일 반도체 협정'에 서명해야 했는데, 이는 일본 기업들에게 큰 타격을 주었습니다. 생산원가를 공개해야 했고, 미국 기업들이 일본 시장의 20퍼센트를 차지하도록 허용해야 했거든요.

잠깐!

제2의 진주만 습격이라고 비난한 이유

1941년 12월 7일, 일본은 하와이 진주만에 있는 미국 해군 기지를 기습 공격했습니다. 이 공격으로 많은 군함과 비행기가 파괴되었고, 수천 명의 미국 병사가 목숨을 잃었죠. 이 사건을 계기로 미국은 2차 세계대전에 본격적으로 참전하게 됩니다.

1980년대, 일본의 반도체 기업들이 미국 반도체 시장에서 매우 낮은 가격으로 제품을 팔기 시작했습니다. 이로 인해 미국 반도체 기업들이 큰 피해를 보자, 미국 언론은 이를 '제2의 진주만 습격'이라고 비난했어요. 일본이 경제적으로 미국을 기습 공격하는 것처럼 느껴졌기 때문입니다.

삼성의 기회가 된 이병철의 통찰력

계속되는 손실로 삼성은 위기에 처해 있었습니다. 하지만 이병철은 포기하지 않았어요. 오히려 더 과감한 결단을 내렸죠. 새로운 반도체를 개발하고, 3번째 반도체 공장을 짓겠다는 거였어요.

이런 이병철의 결정에 임원들은 반대했습니다. 그들은 계속해서 공장 건설을 미루자고 제안했어요. 회사가 너무 많은 돈을 잃고 있어서 새 공장을 지을 여유가 없다고 생각했기 때문이에요.

이병철은 꿋꿋이 자신의 생각을 밀어붙이며, 임원들에게 이렇게 말했습니다.

"조금만 기다리면 우리에게 기회가 온다."

그러나 엄청난 손실을 보고 있는 상황에서 이 말을 믿는 사람은 거의 없었어요. 임원들은 3공장 건설 지시를 계속 무시했죠.

이병철의 상황도 좋지 않았습니다. 그는 폐암 말기 환자였고, 시간이 얼마 남지 않았다는 걸 알고 있었어요. 더 이상 기다릴 수 없었던 그는 결단을 내립니다.

1987년 8월 7일, 이병철은 3공장 착공일을 확정했습니다. 많은 사람의 반대에도 불구하고 그는 공사를 강행했어요.

그로부터 3개월 후인 1987년 11월 19일, 이병철은 세상을 떠 났습니다.

그런데 얼마 지나지 않아 반도체 시장에 큰 변화가 일어났어 요. 반도체 가격이 크게 오른 거예요! 미국과 일본 사이의 치열한 가격 경쟁으로, 인텔 같은 큰 회사들이 메모리 시장에서 철수했거 든요. 일본 기업들도 새로운 투자를 주저하게 되면서 반도체 공급 이 줄어들었고, 그 결과 가격이 높아진 것이었죠.

이러한 상황에서 삼성의 1공장과 2공장은 24시간 내내 쉬지 않고 가동되었습니다. 그래도 주문을 다 감당할 수 없을 정도였어 요. 만약 3공장이 더 빨리 완성되었다면, 삼성은 더 큰 수익을 올 릴 수 있었을 거예요.

1988년 10월, 드디어 3공장이 완공되었습니다. 그리고 그해 삼성은 놀라운 성과를 이뤄냅니다. 무려 3천억 원 이상의 흑자를 기록한 것이죠! 이는 1974년 한국반도체를 인수한 이후 13년 동안 쌓인 적자를 한 번에 해소한 대단한 성과였어요

이 모든 일은 이병철이 세상을 떠난 지 1년 만에 일어났습니다. 그제야 사람들은 이병철의 놀라운 통찰력을 깨닫게 되었죠.

이병철의 유산과 이건희의 도전

이병철이 세상을 떠나기 직전, 그의 임종을 지킨 사람들 중 가족이 아닌 유일한 인물이 있었습니다. 바로 신현확 전 총리였어요. 그는 이병철의 마지막 유언을 직접 듣고 세상에 전했어요.

"이 회장께서 오래전부터 결정하시고 공식으로 발표를 해두신 이건희 부회장을 후계자로 지명을 했습니다." [26]

이건희는 삼 형제 중 막내였지만, 뛰어난 경영 능력을 인정받아 삼성그룹의 새로운 회장이 되었어요. 하지만 그의 앞에는 큰 도전이 기다리고 있었습니다.

그가 회장이 된 직후, 일부 임원들은 반도체 사업의 적자를 이유로 3공장 건설을 중단하자고 제안했어요.

"회장님, 반도체 적자가 크니 3공장 건설을 보류하시죠."

이에 이건희 회장은 크게 화를 내며 단호하게 말했습니다.

"오히려 지금이 반도체에 더 투자해야 하는 시기입니다."

이건희는 아버지 이병철이 시작한 반도체 사업을 더욱 발전시켰습니다. 그 결과 1992년, 삼성은 64M D램을 세계 최초로 개발하는 데 성공했고, 반도체 시장에서 세계 1위 자리에 올랐어요.

하지만 이건희는 여기서 만족하지 않았어요. 그는 삼성이 아직 2류 기업이라고 생각했죠. 진정한 초일류 기업이 되려면 누구도 따라올 수 없는 '최고의 품질을 생산하는 기업'이 되어야 한다고 믿었습니다.

1993년 1월, 이건희는 미국 LA의 전자제품 매장을 둘러보다가 큰 충격을 받았습니다. 매장 중앙에는 소니, GE, 필립스 등 세계적인 브랜드의 제품들이 눈에 띄게 전시되어 있었어요. 그런데 삼성 제품은 구석에서 먼지를 뒤집어쓴 채 방치되어 있었던 거예요. 이건희는 삼성의 현실을 뼈저리게 깨달았어요.

그는 삼성전자의 임원들을 모두 LA로 불러 말했습니다.

"지금부터 전자제품 쇼핑을 하고 오세요."

그날 밤, 이건희는 임원들에게 계속해서 질문했어요. 삼성 제품이 매장 어디에 있었는지, 다른 회사 제품과 가격은 얼마나 차이 났는지, 점원들은 어떤 제품을 추천했는지 등을 물었죠.

그들 모두가 한국 1등 기업인 삼성이 세계 시장에서는 초라한 위치에 있다는 것 절감했어요.

다음 날, 이건희는 LA에서 판매 중인 세계적 브랜드와 삼성 제품을 구매했습니다. 그리고 큰 홀을 빌려 TV, 세탁기, 냉장고 등 78종의 제품을 전시했죠. 임원들은 각 제품의 장단점을 비교하며 토론했고, 이를 통해 삼성 제품의 개선 방향을 논의했어요.

그 자리에서 임원들은 '세계 1등이 되는 것이 얼마나 어려운지', 그리고 '1등이 아니면 살아남을 수 없다'는 현실을 다시 한번 뼈저리게 깨달았습니다.

제2의 창업, 모든 것을 바꿔라!

한국으로 돌아온 후, 이건희는 또 다른 충격을 받게 됩니다. 삼성에서 디자인에 관한 조언고문을 맡고 있던 일본인 후쿠다가 쓴 〈경영과 디자인〉이란 보고서 때문이었어요. 그 내용은 매우 충격적이었습니다.

"삼성 직원들은 디자인을 패션에만 국한해 생각합니다. 공업 디자인이나 상품 디자인에 대한 이해가 전혀 없어요. 디자인은 개인 취향이 아닌 정보를 바탕으로 한 경영 판단입니다. 삼성이 디자인을 바꾸지 않으면 더 성장할 수 없을 것입니다." [27]

이건희는 이 보고서를 읽고 '불량품을 제로화하는 품질경영, 디자인 경영, 일류기업으로 도약하기 위한 국제화'가 필요하다는 것을 절실하게 느꼈어요.

1993년 6월 7일, 이건희는 200여 명의 삼성 임원들을 독일 프랑크푸르트로 불러 모았습니다. 그리고 '프랑크푸르트 선언'이라 불리는 연설을 했어요.

국민 없이 삼성이 어떻게 자랐겠느냐? 소비자한테 돈 받고 불량품 파는 게 미안하지도 않나? 양을 없애버리고 질로 향해야 한다. 나라가 2류여도 국제화를 잘하면 기업은 1류가 될 수 있다. 국제화 안 하고는 1류로 살아남을 수 없다.

바꾸려면 철저히 바꿔야 한다. 마누라와 자식 빼놓고 다 바꿔라. 세계 1류가 되면 여러분 평소 노력에 대비 이익은 전부 3배에서 5배가 나게 되어 있다.

이후 68일 동안 이건희는 미국, 독일, 일본을 다니며 1,800여 명의 삼성 직원들과 끊임없이 토론했어요. 그는 "최고의 제품을

만들지 않으면 삼성이 살아남을 수 없다"라고 강조하며, 강력한
경영 혁신을 이끌어냈습니다.

휴대품 불량 사태와 화형식

1980년대부터 이건희는 휴대폰의 미래를 내다봤습니다.

"앞으로는 사람마다 휴대폰을 한 대씩 갖는 시대가 올 것이다.
휴대폰 사업이 매우 중요하다."

이런 그의 예견대로 1994년 10월, 삼성은 '애니콜' 브랜드를
출시해 국내 시장의 30퍼센트를 차지하는 성과를 거뒀죠.

하지만 성공의 이면에는 큰 문제가 있었어요. 휴대폰 불량률이
11.8퍼센트나 되었던 거예요. 이 보고를 받은 이건희는 과감한 결
정을 내립니다. 이미 판매된 15만 대의 불량 휴대폰을 전부 새 제
품으로 교환해 주기로 하고, 회수된 제품들은 구미 사업장 운동장
에 쌓아 놓으라고 지시했어요.

1995년 3월 9일, 2천 명의 직원이 운동장에 모였어요. 그때 열
명의 직원들이 해머로 불량 휴대폰을 부수기 시작했어요. 쌓여 있

던 500억 원어치의 휴대폰에는 불을 붙였죠. 직원들은 직접 만든 휴대폰이 부서지고 불에 타는 것을 보며, 서로를 부둥켜안고 울었어요.

당시 현장에 있던 신종균 삼성전자 사장은 이렇게 말했습니다.

지금도 잊히지 않는다. 내 자식 같은 무선전화기가 타는 것 같았다. 그 화형식이 계기였다. 우리 가슴속에 불량에 대한 안이한 마음을 털끝만큼도 안 남기고 다 태워 버렸다. 새로운 출발이었다. 지금의 삼성은 거기서 시작됐다. [28]

이 사건은 삼성 직원들의 마음에 품질의 중요성을 깊이 새기는 계기가 되었어요. 이건희는 '경영자의 마인드를 직원에게 심어 주는 사람'이라는 위대한 경영자의 정의를 실천하며, 아버지 이병철을 뛰어넘는 경영자로 성장했습니다.

40년의 결실 : 파리올림픽에서 빛난 기술

이병철이 반도체 사업 진출을 선언한 때로부터 40여 년이 흐른 2024년, 세계인의 축제 파리올림픽에서 특별한 장면이 연출되었어요. 시상대에 오른 선수들이 메달을 목에 걸고 스마트폰으로 셀카를 찍는 모습이 전 세계의 주목을 받았는데, 이때 그들의 손에 들린 것은 모두 삼성전자의 최신작 '갤럭시 Z 플립6'였죠.

삼성전자는 국제올림픽위원회IOC의 공식 파트너로서, 1만 714명의 모든 참가 선수들에게 '올림픽 스마트폰 에디션'을 선물했어요. 선수들은 이 특별한 스마트폰으로 인생 최고의 순간을 기록하며 기뻐했답니다.

그 파리올림픽 현장에서 선수들이 셀카를 찍는 모습을 지켜보는 한 사람이 있었습니다. 바로 삼성전자 회장 이재용이었어요.

그의 할아버지 이병철은 반도체 사업에 모든 것을 걸었지만, 막대한 적자 속에서 생을 마감했습니다. 그러나 그의 결단은 결국 빛을 발했고, 그 결실이 지금 손자인 이재용의 눈앞에 펼쳐지고 있었죠.

이병철은 꼴찌로 반도체 사업을 시작했지만 기초를 탄탄히 다져서 그 바통을 아들 이건희에게 넘겼습니다. 그리고 이건희는 삼성을 세계 메모리 반도체 1위, 스마트폰 출하량 기준 세계 1위 기업으로 성장시켰어요.

그 결과, 2023년 삼성전자의 브랜드 가치는 914억 달러로 평가받아 세계 5위 기업이 되었습니다. 한국은 1인당 국민소득 3만 5천 달러의 선진국 반열에 올랐고요!

이병철이 반도체 사업 진출을 선언한 지 40여 년, 그의 꿈은 이제 세계인의 손 안에서 빛나고 있습니다.

타임라인 인물사

| 세계사 | 한국사 | 이병철 1910~1987 |

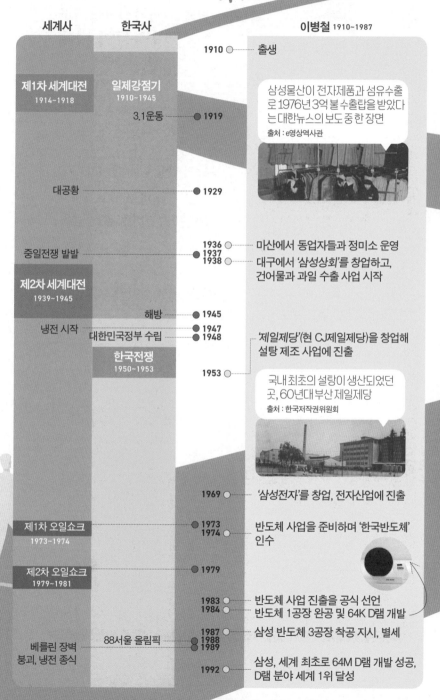

1910 ○ ── 출생

제1차 세계대전
1914~1918

일제강점기
1910~1945

3.1운동 ──● 1919

> 삼성물산이 전자제품과 섬유수출
> 로 1976년 3억 불 수출탑을 받았다
> 는 대한뉴스의 보도 중 한 장면
> 출처 : e영상역사관

대공황 ──● 1929

중일전쟁 발발 ──● 1937

제2차 세계대전
1939~1945

1936 ○ ── 마산에서 동업자들과 정미소 운영
1937
1938 ○ ── 대구에서 '삼성상회'를 창업하고,
건어물과 과일 수출 사업 시작

해방 ──● 1945

냉전 시작 ──● 1947
대한민국정부 수립 ──● 1948

한국전쟁
1950~1953

'제일제당'(현 CJ제일제당)을 창업해
설탕 제조 사업에 진출

1953 ○

> 국내 최초의 설탕이 생산되었던
> 곳, 60년대 부산 제일제당
> 출처 : 한국저작권위원회

1969 ○ ── '삼성전자'를 창업, 전자산업에 진출

제1차 오일쇼크
1973~1974

1973 ──● ── 반도체 사업을 준비하며 '한국반도체'
1974 ○ ── 인수

제2차 오일쇼크
1979~1981

1979 ──●

1983 ○ ── 반도체 사업 진출을 공식 선언
1984 ○ ── 반도체 1공장 완공 및 64K D램 개발

1987 ○ ── 삼성 반도체 3공장 착공 지시, 별세
베를린 장벽   88서울 올림픽   1988
붕괴, 냉전 종식   1989

1992 ○ ── 삼성, 세계 최초로 64M D램 개발 성공,
D램 분야 세계 1위 달성

 내 생각을 말하기 전에 남의 말을 먼저 들어라.

말하는 걸 배우는 데는 2년이 걸렸지만, 말하지 않는 법을 익히는 데는 60년이 걸렸다.

사람은 누구나 자기가 과연 무엇을 위해 살아가고 있는지를 잘 알고 있을 때 가장 행복하다.

인간 사회의 최고 미덕은 봉사라고 생각한다.

인류와 국가에 도움을 주는 사업만이 발전할 수 있다.

의심이 가면 사람을 고용하지 마라. 일단 고용했으면 대담하게 일을 맡겨라.

기업은 인간이다. 모든 일의 중심은 인재이다.

04
현대그룹
창업주

무에서 유를 창조한
불굴의 기업가
정주영

세계 9위 부자의 평범한 일상

세계에서 아홉 번째로 부자인 사람의 하루는 어떨까요? 1995년, 미국의 경제 잡지 〈포브스〉는 정주영을 세계 9위 부자로 선정했습니다.

그런데 한국 역사상 가장 큰 부자로 알려진 정주영의 일상은 우리가 생각하는 부자의 모습과는 조금 달랐답니다.

정주영은 "부는 검소하게 생활하고, 절약하는 것에서 시작된다"라고 말했어요. 검소란 돈을 함부로 쓰지 않고 절약하며 사는 걸 말합니다.

그는 실제로 매우 검소한 생활을 했습니다. 예를 들어 1969년에 경부고속도로를 만들 때부터 입은 작업복을 무려 30년 동안 입었다고 해요. 옷이 해지거나 찢어지면 그 부분만 고쳐서 계속 입었죠.

그는 큰 회사를 운영하는 사장이었지만, 스스로를 노동자이자 일꾼이라고 생각했습니다. "나를 세계적인 대기업을 경영하는 한국인으로 평가하는지 모르지만, 나는 노동자일 뿐이다"[34]라며 대

기업 회장이면서 동시에 현장 노동자인 삶을 살았습니다.

새벽에 시작되는 하루, 걸어서 하는 출근

정주영은 매일 새벽 세 시 반이면 어김없이 일어났어요. 아홉 명의 자녀들도 새벽 네 시에 일어났죠. 가족들은 다섯 시에 모여 간단한 아침을 먹으며 이야기를 나눴어요. 아침을 먹고 나면, 정주영은 자녀들과 함께 3킬로미터 정도 떨어진 회사까지 걸어갔습니다. 45분 동안 걸으며 출근하는 동안 가족들과 대화를 나누고 하루를 준비했죠.

이처럼 그는 다른 사람들보다 더 많은 시간을 활용하려고 노력했어요. "시간은 생명과 같다"라고 말하곤 했죠.

그의 이러한 부지런한 습관은 농사를 지으며 살았던 아버지에게 배운 거예요. 정주영은 이 훌륭한 유산을 자녀들에게도 물려줬어요. 그의 손자인 현대자동차그룹의 정의선 회장은 지금도 아침 6시 30분에 출근한다고 합니다.

불굴의 의지로 상상을 현실로 만들다

1970년, 아무도 찾지 않는 울산의 미포만 바닷가에 정주영이 홀로 서 있었습니다. 그곳은 모래와 바다밖에 없는 황무지였죠. 주변을 조용히 둘러보던 그의 눈빛이 반짝였습니다. 그의 머릿속에서는 황무지가 거대한 조선소배를 설계하고 만드는 곳로 순식간에 바뀌고 있었어요.

"그래! 여기다. 여기에 세계 최고의 조선소를 만들어 보자. 비록 지금은 모두가 불가능하다고 말하지만, 나는 반드시 해내고 말 거야."

이를 다른 사람들에게 말하자, 모두가 반대하며 그의 상상을 비웃었습니다.

왜일까요? 그때까지 큰 배를 만드는 조선업은 선진국에서만 가능한 일이라고 여겨졌거든요. 당시 한국은 아주 가난한 나라였어요. 1년 동안 한 사람이 버는 돈1인당 국민 총소득(GNI)이 약 255달러로, 세계 119위였죠. 그런 나라에서 배를 만드는 것은 불가능에 가까워 보였어요.

하지만 정주영은 '현대중공업'이라는 조선회사를 세우고 포기하지 않았어요. 1974년, 결국 조선소를 완성해 냈죠. 50년이 지난 지금, 전 세계 바다를 누비는 큰 배들 중 43퍼센트는 한국에서 만들어지고 있어요. 현대중공업은 세계에서 가장 큰 조선소가 되었습니다. 그의 꿈은 현실이 된 거예요.

도전은 여기서 끝나지 않았어요. 그는 '현대자동차'를 세우고 스스로의 힘으로 자동차를 만들겠다고 선언했습니다. 우리나라에서는 전에 없었던 시도였죠. 그때도 많은 사람이 반대하며 "망할 거야"라고 말렸어요. 하지만 지금 현대자동차는 전 세계에서 세 번째로 큰 자동차 회사랍니다.

정주영의 도전은 항상 무모해 보였고, 언제나 반대에 부딪혔어요. 하지만 그는 남들이 보지 못한 것을 보고, 모두가 하지 않는 일에 도전했습니다. 기회가 조금이라도 있으면 절대 놓치지 않았죠. 반대가 클수록 더 열심히 노력해서 오히려 더 크게 성공했어요.

일제 강점기와 6·25 전쟁을 겪은 후, 우리나라는 매우 어려운 상황에 처해 있었어요. 거의 폐허나 마찬가지였죠. 인천상륙작전

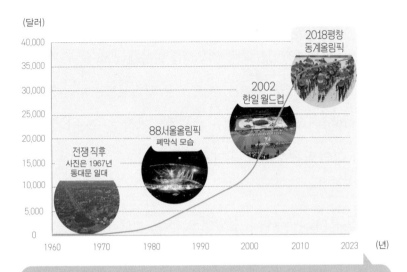

2018평창
동계올림픽

2002
한일 월드컵

88서울올림픽
폐막식 모습

전쟁 직후
사진은 1967년
동대문 일대

1960   1970   1980   1990   2000   2010   2023   (년)

우리나라 국민 총소득(GNI)의 변화: 38년새 243배로 증가했습니다.
자료: 한국은행 / 사진출처 : 국가기록원, 셔터스톡

을 지휘했던 미국의 맥아더 장군은 당시 우리나라를 보고 이렇게
말했다고 해요.

"이 나라의 미래는 없다. 이 나라는 백 년이 지나도 복구되지
못할 것이다."

그러나 한국은 그 예상을 깨고 한강의 기적을 이루었어요.
1970년에 우리나라의 1인당 국민총소득은 앞서 언급했듯 255달
러였지만, 2023년에는 3만 6,194달러가 되었어요. 미국, 독일, 영
국, 프랑스, 이탈리아에 이어 6위 수준이죠.인구 5천만 명 이상 국가 기준.

세계에서 가장 가난했던 나라에서 이제는 선진국이 된 것입니다.

정주영은 이러한 기적을 만들어 낸 주역 중 하나입니다. 그는 상상을 현실로 만들고, 불가능하다고 여겨졌던 일들을 해낸 위대한 창업가였어요.

신뢰로 세운 첫걸음

정주영은 1915년에 강원도 통천군 송전면 아산리에서 태어났어요. 지금은 북한 땅이 되어 더는 갈 수 없지만, 정주영은 고향을 평생 그리워했습니다. 그래서 자신의 호를 '아산'이라 지었죠.

정주영의 할아버지는 마을의 서당 훈장님이었어요. 그래서 어릴 때부터 할아버지에게 《논어》와 같은 동양고전을 배웠답니다. 소학교지금의 초등학교에 다닐 때 공부도 잘했지만, 집안이 가난해서 더 이상 공부를 이어갈 수 없었죠.

6남 2녀 중 장남이었던 정주영은 열 살 때부터 농사일을 도왔습니다. 마을에서 가장 성실하다고 알려진 아버지는 새벽 네 시가 되면 정주영을 깨워 밭으로 데리고 나갔죠. 정주영은 아버지에게서 새벽 일찍 일어나는 습관과 성실함을 배웠고, 이 습관은 나중에 정주영의 인생에서 중요한 성공 비결이 되었어요.

아버지는 장남인 정주영을 최고의 농사꾼으로 키울 생각이었지만, 정주영은 농사가 싫었습니다. 농사는 아무리 열심히 해도,

여름에 태풍이 오면 한순간에 망할 수 있었기 때문이에요. 농사가 실패한 해에는 온 가족이 도토리 같은 것을 먹으며 겨우겨우 겨울을 났습니다. 이런 상황에 진저리가 난 정주영은 결국 아버지가 소를 팔아서 받은 돈 70원을 몰래 가지고 서울로 도망쳤어요.

작은 쌀가게에서 시작된 여정

서울에 도착한 정주영은 여러 가지 힘든 일을 하며 살아갔어요. 서울과 인천에서 막노동을 하며 열심히 일했지만, 밥값과 집세를 내고 나면 남는 돈이 없었죠.

그러던 어느 날, 일자리를 찾아 거리를 헤매던 정주영은 우연히 '복흥상회'라는 쌀가게에 배달원으로 취직하게 됩니다.

아무도 시키지 않았지만, 그는 매일 새벽 일찍 나와 가게 앞을 청소하고 창고를 정리했어요. 비가 오나 눈이 오나, 항상 약속한 시간에 정확하게 배달했고요. 그 모습을 6개월 동안 지켜본 사장님은 정주영을 불러 가게에서 가장 중요한 회계장부를 맡겼습니다. 회계장부는 가게의 돈과 물건을 어떻게 관리하는지 적는 것으로, 사업의 심장과도 같아요.

4년이 지나자 놀라운 일이 벌어졌어요. 사장님은 자신의 게으른 아들이 아닌 정주영에게 쌀가게를 물려주기로 한 거예요!

정주영은 '경일상회'라는 새로운 이름으로 가게를 열었고, 23세의 나이에 신용 하나로 꽤 큰 쌀가게를 운영하게 되었어요. 신용이란 사람들이 서로를 믿고 거래를 할 수 있는 능력을 말해요. 정주영의 성실함이 만들어낸 결과였죠.

가게는 점점 더 잘 되어 갔어요. 정주영은 고향에서 동생들을 불러와 가게에서 함께 일하게 했고, 얼마 지나지 않아 서울에서도 유명한 쌀가게가 되었습니다.

그러나 2년 뒤, 뜻밖의 일이 벌어졌어요. 조선총독부가 전국의 쌀가게 영업을 모두 정지시킨 거예요. 일본 군인들에게 쌀을 보내기 위해서였죠.

여러분, 조선총독부가 뭔지 아시나요? 그 당시 우리나라는 일본에 강제로 빼앗겨 지배를 받고 있었어요. 이 시기를 '일제강점기'라고 해요. 조선총독부는 바로 이 시기에 우리나라를 다스리던 일본 정부의 기관이었답니다.

모든 것을 잃은 듯 보여도, 흔들리지 않으면 기회가 온다

쌀가게를 잃은 정주영은 '이제 무슨 사업을 할까?' 고민하던 중, 서울 아현동에 있는 자동차 수리공장 '아도서비스'가 팔린다는 소식을 듣습니다. 그는 이 공장을 사기로 결심했지만, 5천 원이라는 큰돈이 없었어요. 그 당시 5천 원은 집 한 채를 살 수 있을 정도의 큰 금액이었죠.

정주영은 쌀가게를 운영할 때 쌀을 공급해 주던 오윤근 사장을 찾아가 돈을 빌렸어요. 그렇게 1940년 2월 1일, 마침내 자동차 수리공장을 시작하게 됩니다.

정주영은 직원들에게 자동차 정비 기술을 배우며 낮과 밤을 가리지 않고 열심히 일했어요. 공장에는 활기가 넘쳐났죠. 그런데 어느 날 밤, 뜻밖의 사고가 일어났어요. 한 직원이 추운 날씨에 손이 시려서 불을 피워 물을 데우다가 그만 공장에 불이 난 거예요. 그 불로 인해 공장과 정비 중이던 6대의 자동차가 모두 타버리고 말았습니다.

한순간에 모든 걸 잃고, 빚까지 진 정주영. 그는 어떤 선택을 했을까요? 도망가지 않고 정면승부를 택합니다. 다시 오윤근 사장을 찾아가 무릎을 꿇고 간절히 부탁했어요.

"사장님, 이대로 주저앉을 수 없습니다. 다시 돈을 빌려주시면 반드시 성공해서 돈을 갚겠습니다."

다행히 오윤근 사장은 정주영의 성실함을 믿고 돈을 빌려주었어요. 정주영은 신설동으로 공장을 옮겨 다시 사업을 시작했습니다.

그는 사장임에도 직원들과 똑같이 일하며 자동차 정비 기술을 더욱 열심히 익혔어요. 얼마 지나지 않아 정주영은 자동차 전문가가 되었습니다. 그리고 사장인 정주영이 가장 먼저 출근하고, 누구보다 열심히 일하니까 직원들도 덩달아 최선을 다하는 좋은 직장 분위기가 만들어졌죠.

정주영은 독특한 전략을 세웠습니다. 더 빠르게 차를 고치는 대신, 수리비를 조금 더 높게 받기로 한 것이죠. 차를 빨리 고치고 싶어 하는 차 주인들에게 인기가 많아져 공장은 크게 성공했습니다. 결국 정주영은 빌린 돈을 이자까지 넉넉히 갚을 수 있었어요.

정주영은 이렇게 말했습니다.

모든 일의 성패는 그 일을 하는 사람의 사고와 자세에 달려 있다. 진취적인 정신, 이것이 기적의 열쇠이다.[35]

현대, 새로운 시대의 시작

1940년대 초반, 일본은 전쟁에 미쳐 있었습니다. 조선총독부는 전쟁에 필요하다며 정주영이 3년 동안 열심히 일구어온 공장을 강제로 빼앗아 갔어요. 쌀가게에 이어 자동차 수리공장까지 잃은 정주영은 매우 억울하고 화가 났지만, 일본의 지배를 받고 있어 어찌할 도리가 없었죠.

하지만 모든 어둠 뒤에는 빛이 오는 법이죠. 1945년 8월 15일, 드디어 일본이 패망하고 우리나라는 광복을 맞이했어요. 정주영에게도 새로운 기회가 찾아왔습니다.

1946년 4월, 정주영은 '현대자동차공업사'를 창업했어요. 이때부터 그는 회사를 만들 때마다 '현대'라는 이름을 사용했습니다. 현대現代란 '지금 이 순간에 최선을 다해 미래의 꿈을 이룬다'는 정주영의 생각을 담고 있어요.

정주영은 광복 후에 건물을 짓는 일이 많아지는 것을 보고, 현대자동차공업사 옆에 '현대토건사'라는 간판을 걸고 건설 사업에도 뛰어들었어요. 1950년 1월, 두 회사를 합쳐 '현대건설주식회사'를 만들고 더 큰 꿈을 향해 나아갔습니다.

6·25 전쟁과 위기 속의 기회

그러나 5개월 후 6·25 전쟁이 터지고 말았죠. 정주영은 동생 정인영과 함께 부산으로 피난을 갔습니다. 정인영은 영어를 할 수 있어서 미군 공병대에서 통역사로 일하게 되었어요.

어느 날 미군 장교가 정인영에게 부탁했어요.

"나는 여기 사정을 잘 모르니까 우리와 함께 일할 건설업자를 찾아주십시오."

멀리서 찾을 거 있나요? 정인영은 곧바로 형 정주영을 소개했습니다. 미군 장교는 정주영에게 이렇게 말했어요.

"부산 UN군 묘지에 각국의 대표들이 옵니다. 그런데 한겨울이라 풀 한 포기가 없어 너무 보기가 안 좋으니 잔디를 구해 심어주십시오."

정주영은 이렇게 답했습니다.

"한겨울에 잔디는 없습니다. 잔디처럼 보이기만 해도 될까요?"

"좋습니다!"

정주영은 며칠 동안 고민한 끝에 겨울에 자라는 푸른 보리를 대량으로 가져와 심었습니다. 멀리서 보면 잔디처럼 보였죠. 미군은 보리밭을 보고 "굿 아이디어!"라고 외쳤습니다. 이 일을 계기로 정주영은 미군의 여러 공사를 맡게 되었고, 전쟁 전보다 더 큰돈을 벌게 되었어요.

성실함으로 일군 기적

1954년 4월, 6·25 전쟁이 끝난 지 얼마 되지 않았을 때의 일이에요. 현대건설은 경상북도 고령군에 있는 큰 다리인 고령교를 고치는 공사를 맡게 되었습니다. 그런데 큰 문제가 생겼어요.

처음 공사비는 5,400원이었는데, 공사를 하는 동안 물가가 무려 120배나 오른 거예요. 물가가 오른다는 건 모든 물건과 재료의 가격이 비싸졌다는 뜻이죠. 그래서 공사를 할수록 현대건설은 점점 더 많은 돈을 잃게 되었어요.

현대건설은 돈을 잃어 직원들 월급을 줄 수 없었고, 직원들은 일을 멈추며 파업을 했습니다. 게다가 빚을 갚으라고 매일 사람들이 회사에 찾아왔죠. 정주영은 동생들이 사는 집까지 팔아서 간신히 회사를 유지했지만, 동생들은 다리 밑에 작은 판자촌을 지어 살아야 했어요. 그 모습을 본 정주영은 마음이 무척 아팠습니다.

직원들은 이렇게 큰 손해를 보면서 공사를 계속하는 것이 무리라고 생각했어요.

"사장님, 이 공사 여기서 중단해야 합니다. 이러다가 회사 완전히 망합니다. 지금 엄청난 적자가 쌓이고 있어요. 다른 회사들은 이미 다 도망을 갔어요."

하지만 정주영은 이렇게 대답했어요.

"너희들 그러면 나가서 현대건설 간판 떼고 와! 회사는 망해도 다시 세우면 되지만, 한 번 신용을 잃으면 다 끝나는 거야. 손해를 보더라도 공사를 성공시키면 다음에 더 큰 기회가 온다는 걸 왜 모르나!"[36]

신뢰란 다른 사람들이 나를 믿고 맡길 수 있는 것을 말해요. 정주영은 이 신뢰, 즉 믿음을 지키는 것이 돈보다 더 중요하다고 생각했어요.

결국 정주영은 힘든 상황에서도 공사를 끝까지 마무리했습니다. 그 덕분에 현대건설은 큰 신용을 얻었고, 이후 정부는 한강철교 같은 더 큰 공사들을 현대건설에 맡기게 되었어요. 비록 빚을 갚는 데 20년이나 걸렸지만, 현대건설은 더 크고 강한 회사로 성장할 수 있었죠. 정주영은 신뢰를 지키는 것이 성공의 열쇠라는 것을 증명해 보였습니다.

국토의 대동맥, 경부고속도로를 만들다

현대건설이 점점 성장하자, 정주영은 더 넓은 세계로 나아가고 싶어졌습니다. 1965년, 그는 태국의 수도 방콕에 현대건설 지점을 세우고 해외 사업에 도전하기 시작했어요. 하지만 해외 진출은 쉽지 않았고, 여러 번 실패를 겪었죠.

그러던 중 드디어 기회가 찾아왔습니다. 독일을 포함한 29개 나라의 건설사들이 경쟁하는 태국 고속도로 공사에서 현대건설이 승리한 거예요. 한국의 건설사가 해외에서 고속도로 공사를 맡은 것은 처음이었고, 이 소식은 국민들에게 큰 기쁨을 주었어요. KBS가 이 소식을 생방송으로 전했을 정도였답니다.

정주영은 언어도 통하지 않는 태국에서 공사를 진행하며 많은 어려움을 겪었지만, 이를 통해 해외에서 공사하는 방법을 배울 수 있었어요. 이 고속도로 공사는 현대건설이 세계적으로 나아가는 중요한 출발점이 되었습니다. 이후 현대건설은 괌, 알래스카 등 전 세계를 다니며 다양한 공사를 맡게 되었죠.

같은 시기, 국가의 산업발전을 위해 뛰고 있는 또 한 사람이 있었어요. 바로 박정희 대통령입니다. 정주영이 산업 현장에서 뛰었다면, 박정희는 나라의 산업 발전을 위한 정책을 만들고 있었죠.

1964년 12월, 박정희는 독일의 성공을 배우기 위해 비행기에 올랐습니다. 당시 한국은 외화를 벌기 위해 많은 광부와 간호사를 독일에 보내고 있었어요. 박정희는 독일에서 그들을 만나게 되었는데, 석탄을 캐느라 얼굴이 새까맣게 된 500명의 청년 광부들이 대통령을 맞이했죠.

애국가가 울려 퍼지자 모두가 눈물을 참지 못했습니다. 아무도 애국가를 따라 부르지 못했어요. 광부들은 어깨를 들먹이며 울었고, 대통령도 울고 있었기 때문이에요.

대통령은 연설을 시작했지만, 감정이 북받쳐 끝내 말을 잇지 못했어요.

"만리타향에서 이렇게 만나게 되어 감개무량합니다. 이게 무슨 꼴입니까? 내 가슴에서 피눈물이 납니다. 광부 여러분, 가족이나 고향 생각에 괴로움이 많겠지만…. 비록 우리 생전에는 이룩하지 못하더라도 후손들에게만큼은 잘 사는 나라를…. 물려줍시다. 나도 열심히….'' [37]

아우토반에서 얻은 영감

다음날 박정희는 독일의 아우토반 고속도로를 방문했어요. 이 고속도로는 시속 160킬로미터로 달릴 수 있는 빠른 도로예요. 그는 직접 고속도로의 설계도와 건설 방법을 꼼꼼하게 메모했습니다. 한국의 발전을 위해 고속도로가 꼭 필요하다고 생각했거든요.

귀국 후, 박정희는 경부고속도로 건설 계획을 발표했습니다. 하지만 많은 사람이 반대했어요. 1967년 국가 예산의 26퍼센트나 되는 돈이 필요했거든요. 게다가 당시에는 자동차도 별로 없어서, 고속도로가 정말 필요한지 의심하는 사람들이 많았어요.

그러자 박정희는 정주영을 청와대로 불렀습니다. 정주영이 한국에서 유일하게 태국에서 고속도로를 지어본 경험이 있었기 때문이죠. 대통령은 정주영에게 이렇게 말했습니다.

"이 일을 해낼 사람은 한국에서 정주영 사장밖에 없습니다. 당신이 맡아 주시오."

한국 역사상 가장 큰 건설공사, 그리고 위기의 순간

1968년 2월 1일, 그때까지의 한국 역사상 가장 큰 건설공사가 시작되었습니다. 바로 경부고속도로 건설이었어요. 이 공사는 서울과 부산을 잇는 중요한 도로를 만드는 일이었습니다.

정주영의 목표는 '세계에서 가장 적은 돈으로, 가장 빠르게, 가장 튼튼한 고속도로를 짓고 이익을 내는 것'이었죠. 정말 어려운 도전이었지만, 정주영은 모든 것을 걸고 이 일을 맡았습니다.

당시 한국이 가지고 있던 중장비큰 기계는 1,400대 정도였어요. 하지만 더 빠르게 공사를 하기 위해 정주영은 1,900대의 중장비를 해외에서 추가로 들여왔어요.

공사는 잘 진행되었지만, 막바지에 당제터널지금의 옥천터널에서 큰 사고가 발생했습니다. 산을 뚫어 터널을 만드는 공사였는데, 20미터 정도 파고 들어갔을 때 갑자기 벽이 무너져 3명이 목숨을 잃었어요. 이후에도 천장과 벽에서 돌이 떨어지는 낙반사고가 자주 발생해 사망자가 늘어났죠.

생명의 위협을 느낀 노동자들이 하나둘씩 떠나기 시작했습니다. 월급을 두 배로 올렸지만, 소용없었어요. 공사는 멈췄고, 기한은 점점 늦어지고 있었죠.

정주영은 아무 말 없이 장비를 챙겨 들고 터널 공사 현장으로 향했습니다.

"절대 안 됩니다, 회장님. 위험합니다."

"안 되긴 뭐가 안돼! 나라도 힘을 보태야지. 그리고 회장이 앞장서지 않는데, 누가 따라오겠어."

고령의 회장이 직접 터널을 뚫기 시작하자 발길을 돌리던 노동자들은 눈물을 흘리며 현장으로 돌아왔습니다.

안 되면 되게 하라!

정주영은 '현장 경영'이라는 특별한 방식을 실천했어요. 그는 건설 노동자들과 함께 먹고 자며, 현장에서 직접 일했죠. 매일 지프차를 타고 공사 현장을 돌아다니면서 여러 가지 문제들을 창의적으로 해결했습니다.

노동자들은 정주영을 '호랑이'라고 불렀어요. 게으름을 피우거나 안전을 소홀히 하는 것을 보면 바로 달려가서 호통치고 바로잡

았기 때문이죠. 정주영의 지프차만 보면 다들 긴장했기 때문에, 지프차에서 잠을 자면서 운전사에게 계속 현장을 돌게 했답니다.

한편, 그는 '어떻게 하면 공사를 더 빨리 끝낼 수 있을까?' 고민하다가 일반 시멘트보다 20배나 빨리 굳는 조강시멘트를 단양에서 제작해 날랐습니다. 이 시멘트는 비싸서 공사비가 많이 들었지만, 정주영은 돈보다 공사 기한을 지키는 신뢰를 택했어요.

또한 2개 조로 진행되던 터널 공사를 6개 조로 늘리고, 24시간

공사를 강행했어요. 정주영
은 잠도 자지 않고 현장을
지켰습니다.

드디어 1970년 6월 27일
밤 11시, 터널이 완성되었을
때 모든 사람이 "만세!"를 외
치며 기뻐했습니다.

이렇게 바뀌었어요!
1974년 하늘에서 본
경부고속도로와
주변 모습입니다.

출처 : 한국정책방송원

이후 한국은 경부고속도
로를 통해 세계에서 가장 빠
른 속도로 성장하게 됩니다. 산업화의 설계자가 박정희였다면, 산
업화의 실행자는 정주영이었어요.

박정희와 정주영의 협력은 중동 진출, 조선업, 자동차 독자 개
발 등으로 이어졌고, 한국은 산업화에 성공했습니다. 그 결과 한
국은 세계에서 유일하게 원조도움를 받는 나라에서 원조를 주는
나라로 바뀌는 '한강의 기적'을 일으켰습니다.

거북선으로 한국의 잠재력을 보여주다

1970년, 정주영은 한국에서 대형 선박을 만드는 조선업에 도전하기로 결심했어요. 하지만 당시 한국의 조선업은 나무배를 만드는 수준이었기 때문에, 많은 사람이 "불가능하다"며 반대했습니다.

그러나 정주영은 복잡한 기술일수록 쉽게 생각하려 했어요.

"조선업을 너무 어렵게 생각할 필요 없어. 큰 철판을 구부려 용접하고, 그 안에 엔진과 각종 장치를 칸을 나누어 쌓아 올리면 되는 거지. 건설과 다를 바 없어. 배를 만드는 도크도 배가 쉽게 들어오고 나가는 큰 수영장이라고 생각하면 돼."

정주영의 특징은 생각하면 바로 실천하는 것이었어요. 그래서 즉각 회사 안에 조선사업부를 만들고, 조선소를 짓는 데 필요한 돈을 빌리러 미국과 일본으로 갔습니다. 당시 한국에는 그런 큰돈을 빌려줄 은행이 없었기 때문이죠.

거절의 연속, 하지만 포기할 수는 없다

하지만 정주영은 가는 곳마다 거절당했습니다. 한국이 가난한 나라라서 누구도 돈을 빌려주지 않았던 거예요.

"한국과 같은 후진국에서 어떻게 몇십만 톤의 배를 만들고 조선소를 지을 수 있습니까?"

그럼에도 그는 포기하지 않고 영국으로 갔습니다. 그곳에서 유명한 조선회사 A&P 애플도어의 찰스 롱바톰 회장을 어렵게 만났어요.

롱바톰 회장도 처음에는 회의적이었어요.

"아직 배를 한 척도 만들어본 적도 없고, 당신에게 배를 사려는 사람도 없고, 돈을 갚을 능력도 없는데 뭘 믿고 내가 돈을 빌려줍니까?"

"그럼 한국 정부가 대출 보증을 서면 되겠습니까?"

"한국 정부도 그만한 돈을 갚을 능력이 없잖아요."

정주영은 고민했어요. '이대로 모든 게 끝나는 걸까?' 그때, 바지 주머니에 들어 있던 500원짜리 지폐가 생각났습니다. 그 지폐에는 거북선이 그려져 있었죠. 정주영은 지폐를 꺼내 테이블 위에 올려놓았어요.

"이걸 잘 보세요, 회장님. 이건 한국 지폐입니다. 여기 보면 거북선이라는 철로 만든 배가 있지요. 영국의 조선 역사는 1800년대부터이지만, 한국은 영국보다 300년이나 앞선 1500년대에 이거북선을 만들어 냈습니다. 한국은 이 거북선으로 일본과의 전쟁에서 승리했습니다. 거북선을 보면 한국의 잠재력을 알 수 있지 않겠습니까?"

롱바톰 회장은 의아한 표정으로 물었습니다.

"정말 1500년대에 한국인들이 이 배를 만들어 전쟁에서 사용했다는 말입니까?"

"네, 맞습니다. 이순신 장군이 만든 배입니다. 한국이 지금은 후진국이지만, 오랜 역사와 문화, 두뇌를 가진 나라입니다. 자금만 확보된다면 훌륭한 조선소와 최고의 배를 만들 수 있습니다."

롬바톰 회장은 눈을 감고 한참을 고민한 뒤에 정주영에게 손을 내밀었습니다.

"당신은 정말 훌륭한 조상을 두었군요. 거북선도 대단하지만, 당신도 정말 대단한 사람이오. 버클레이즈 은행에 대출 추천서를 써주겠소."

길이 없으면 만들면 된다

롱바톰 회장의 추천서 덕분에 바클레이즈 은행에서 대출을 받을 수 있는 길이 열렸습니다. 그러나 가장 어려운 관문이 남아 있었어요. 영국 수출신용보증국 총재는 '배를 살 사람의 계약서를 가지고 와야 승인해 줄 수 있다'고 말했습니다.

"만약 내가 배를 산다고 가정해 봅시다. 5천만 달러짜리 배를 세계 최고의 조선소들이 아닌 당신 회사에서 사겠소? 아직 조선소도 없고, 배 한 척 만든 적도 없잖아요. 돈을 빌려주면 배를 만들고 팔아서 갚아야 하는데, 뭘 믿고 빌려주겠소? 당신이 만든 배를 산다는 계약서를 가져오면 그때 대출을 허락하겠소."

총재의 말은 틀린 게 하나도 없었어요. 그때 정주영은 조선소를 건설할 예정인 울산의 바닷가 사진 한 장밖에 없었거든요.

여러분, 만약 정주영이 모래밖에 없는 울산 바닷가 사진을 보여주며 "당신이 내 배를 사주겠다고 계약만 해주면, 내가 영국은행에서 돈을 빌려 이 사진 속의 바다에서 배를 만들어 주겠소"라고 했다면, 여러분도 사기꾼이라고 생각하지 않았을까요?

그러나 정주영은 많은 고민을 하지 않고 바로 행동에 옮겼습니다. 여전히 사람들을 만날 때마다 거절을 당했지만, 그는 포기하지 않았어요.

어느 날, 정주영은 자신처럼 도전을 두려워하지 않는 특별한 사람을 만났습니다. 그 사람은 그리스의 선박왕 오나시스의 처남인 리바노스였어요.

리바노스는 정주영의 성실함과 자신감을 믿고, 아주 큰 배 두 척을 주문했습니다. 배의 길이는 270미터, 높이는 27미터나 되는 26만 톤짜리 대형 선박이었어요. 계약금액은 무려 6,190만 달러로, 당시에는 상상할 수 없을 만큼 큰 금액이었죠. 그리고 5년 6개월 뒤에 배를 받기로 했습니다.

이 소식은 조선업계에 큰 충격을 주었어요. 역사상 처음으로 배를 만드는 조선소도 없는 회사가 엄청나게 큰 배를 주문받았기 때문이에요. 사람들은 모두 정주영이 절대 배를 납품하지 못할 거라고 생각했습니다.

세계 조선업 역사를 새로 쓰다

이러한 우려에도 불구하고, 정작 정주영은 5년 6개월이라는 제작 기간을 더 줄여서 수익을 늘리고자 했어요. 임원회의에서 이 문제를 이야기하자 "말도 안 된다"며 모두 반대했죠.

임원들은 한 목소리로 말했어요.

"우리는 지금 조선소도 처음 건설하고, 초대형 선박도 처음 만듭니다. 배를 만들기 위해서는 먼저 조선소를 지어야 하는데 건설 기간이 3년 정도 걸립니다. 그다음에 배를 제작하는 데 2년 6개월이 걸리니까 단축은 불가능합니다."

이 이야기를 들은 정주영은 답했어요.

"그럼 조선소와 배를 동시에 만들어 봅시다. 조선소는 예정대로 건설하고, 그 옆에서 조선소 없이 할 수 있는 배 제작을 먼저

합시다. 길이 없으면 길을 찾고, 찾아도 없으면 길을 만들어 나가면 됩니다."

세계 조선업 역사상 조선소와 배를 동시에 설계하고 만드는 것은 한 번도 시도된 적이 없는 일이었어요. 많은 사람이 걱정하고 불가능하다고 생각했지만, 정주영은 누구도 생각하지 못한 방식으로 이 일을 추진했어요.

그는 철저히 연구하고, 독특한 방법을 사용해 2년 3개월 만에 세계 최대의 울산 현대조선소를 완성했습니다. 동시에 거대한 두 척의 배도 성공적으로 만들어 냈죠. 이로써 정주영은 세계 조선업 역사를 새로 썼습니다.

1974년 6월, 정주영은 리바노스에게 약속했던 기한인 5년 6개월보다 3년이나 앞당겨 배를 납품했어요. 이는 1만 7천 명의 사람들이 수많은 실패를 겪으면서도 2년 3개월 만에 이뤄낸 기적이었습니다. 그로부터 40년이 흐른 2015년, 현대조선소는 세계 최초로 선박 2천 척을 건조하는 기록을 세웠답니다.

정주영은 모두가 불가능하다고 말할 때도 1퍼센트의 가능성을 믿고 도전했어요. 그가 자주 했던 말이 있습니다.

1976년 울산 현대조선소의 모습. 이후 이곳에서 많은 배가 만들어졌어요.

출처 : 한국정책방송원

"이봐, 해보기나 했어?"

이 말은 아무리 어려운 일이라도 해보지 않고 포기하지 말라는 의미예요. 정주영은 항상 도전하고, 행동하는 사람으로 기억되고 있습니다.

가자! 석유로 돈이 넘치는 중동으로

1973년, 오일쇼크라는 큰 경제 위기가 터졌습니다. 석유 가격이 5배나 올라가고, 전 세계의 물가가 급격히 상승하면서 심각한 경제 불황이 시작되었어요.

그러나 정주영은 이 위기를 기회로 삼으려 했습니다. 그는 이렇게 생각했어요.

'많은 나라가 경제 위기를 겪고 있지만, 중동의 산유국들은 석유를 팔아서 돈이 넘쳐나고 있어. 중동으로 가자!'

정주영의 생각은 옳았어요. 사우디아라비아는 석유를 대량으로 수출하기 위해 '주베일주바일, Jubaiil 항만'이라는 거대한 항만배가 들어오는 곳 공사를 시작했습니다. 이 항만은 무려 50만 톤이나 되는 엄청난 크기의 배들이 한꺼번에 들어올 수 있는 곳이었죠. 50만 톤짜리 배의 크기는 축구장 4개 정도에 달해요. 이렇게 엄청난 대형 배들이 드나들 수 있는 항만으로, 공사비만 10억 달러 이상이 드는 20세기 최대의 공사였습니다.

오일쇼크, 그리고 오일머니란?

오일쇼크는 석유 가격이 갑자기 크게 올라서 세계 경제에 큰 영향을 준 사건을 말합니다.

1차 오일쇼크는 1973년에 일어났습니다. 이집트와 시리아가 이스라엘을 공격한 전쟁에서 서방 국가들은 이스라엘을 도왔고, 이에 화가 난 석유 생산국들이 서방 국가들에게 석유를 팔지 않겠다고 선언했습니다. 이로 인해 석유 공급이 크게 줄어들며, 석유 가격이 올라 세계 경제는 어려움에 빠졌어요.

2차 오일쇼크는 1979년에 발생했습니다. 이란에서 왕정이 무너지고 새로운 정부가 들어서면서 석유 생산이 크게 줄어들었어요. 그 결과, 다시 석유 가격이 급등했고 세계 경제는 또 한 번 큰 어려움을 겪게 되었습니다.

이처럼 석유는 세계 경제에 아주 큰 영향을 미칩니다. 그래서 석유를 많이 생산하는 나라들은 석유를 통해 큰돈을 벌 수 있었는데, 이를 가리켜 '오일머니'라고 부릅니다. 특히 사우디아라비아, 쿠웨이트, 아랍에미리트 같은 중동의 나라들은 석유를 팔아서 큰 부자가 되었습니다.

이 소식을 들은 정주영은 가슴이 두근거리기 시작했습니다. 하지만 이런 대형 공사를 수주일을 따내는 것하려면 최소 2년 이상 준비가 필요한데, 정주영은 입찰공사를 맡기 위해 경쟁하는 것이 끝나기 불과 7개월 전에 이 소식을 접한 것이 문제였어요.

미국을 포함한 선진국의 회사들은 이미 몇 년 전부터 이 공사를 준비해 왔고, 사우디아라비아는 이미 세계적인 9개 회사에 입찰 초청을 한 상황이었습니다. 이 회사들은 모두 초대형 공사에 성공한 경험이 있는 회사들이었기 때문에, 정주영이 이들 사이에서 공사를 따낼 가능성은 거의 없어 보였어요. 심지어 당시 세계 2위 경제대국이었던 일본의 대기업들도 이 명단에 들지 못할 정도로 경쟁이 치열했죠.

마지막 남은 기회에 도전하다

정주영은 주베일 항만 공사를 따낼 마지막 기회가 남아 있다고 생각했어요. 그래서 회의를 열어 이렇게 말했습니다.

"아직 한 장의 티켓이 남았습니다. 물론 어렵고 힘들지만 만약 우리 현대가 이 공사를 따낸다면 단숨에 세계적인 기업으로 도약

할 수 있어요. 그리고 오일쇼크로 외환위기에 빠진 우리나라에 큰 도움도 줄 수 있습니다. 이런 기회는 두 번 다시 오지 않을 겁니다."

많은 사람이 반대했어요. 우선 이 공사는 바닷속 깊은 곳, 30 미터 아래에서 진행해야 했어요. 게다가 그곳을 50만 톤짜리 거대한 배들이 드나들 수 있게 해야 했죠. 현대는 이런 기술도, 경험도 없었기 때문에 위험이 컸습니다.

그러나 정주영은 다르게 생각했어요.

"울산 조선소를 만들 때도 우리가 다 알고 했나요? 모르는 건 배우면서 하면 돼요. 사막은 덥지만 비가 안 와서 매일 일할 수 있잖아요. 얼마나 좋아요!"

입찰까지 시간이 얼마 남지 않았기에, 정주영은 과감한 결정을 내렸어요. 공사를 할 수 있다고 믿는 사람들만 모아 팀을 만들고 빠르게 준비했죠.

그런데 큰 문제가 생겼어요. 공사에 참여하려면 입찰보증금 2천만 달러라는 엄청난 돈이 필요했는데, 한국의 은행에서는 빌릴 수 없었어요. 그런 금액을 빌려줄 수 있는 규정조차 없었거든요.

시간이 빠르게 흘러가고, 정주영은 보증금을 구하지 못해 속이 타들어 갔습니다. 다행히 바레인에서 공사를 했을 때 쌓아둔 신뢰 덕분에, 바레인 국립은행에서 보증금을 빌릴 수 있었어요. 입찰 마감 4일 전에 겨우 열 번째 티켓, 즉 참가 자격을 얻었습니다.

한편, 입찰 준비팀은 에어컨도 나오지 않는 사우디아라비아의 무더운 숙소에서 서류를 준비했습니다. 더운 방에서는 악취가 나고 머리가 아팠지만, 중요한 공사를 따내기 위해 긴장의 끈을 놓을 수 없었죠. 공사비를 적어내는 견적서는 100페이지가 넘었고, 산더미 같은 서류도 준비해야 했거든요.

가장 중요한 건 공사 가격이었어요. 사우디아라비아는 가장 낮은 가격을 제시한 회사에 공사를 맡기겠다고 했지만, 실제 비용은 12억 달러나 되었어요. 그 이하로 금액을 제시하면 회사가 손해를 볼 수밖에 없었죠.

정주영은 고민 끝에 결심했어요.

'입찰에서 2등은 아무런 의미가 없어. 우리는 기술도 없고 늦게 시작했으니 12억 달러로는 안 돼. 일단 공사를 따내고 나서, 나중에 비용을 줄이자.'

두근두근! 과연 공사를 따낼 수 있을까?

정주영은 주베일 항만 공사를 따내기 위해 큰 결단을 내렸어요. 원래 공사비가 12억 달러였지만, 정주영은 이 금액으로는 공사를 따낼 수 없다고 생각했죠. 그래서 8억 7천만 달러로 공사비를 낮추라고 지시했어요.

직원들은 깜짝 놀라 반대했습니다. 그 금액이면 회사가 큰 손해를 볼 수도 있다고 걱정했거든요. 하지만 정주영은 공사를 따내는 게 더 중요하다고 믿었고, 결정을 밀어붙였어요.

드디어 전갑원 상무가 입찰 신청서를 내고 돌아왔어요. 그런데 그의 표정이 뭔가 이상했죠. 불안한 마음에 정주영이 물었습니다.

"잘 내고 왔지?"

"… 아니오."

"뭐야! 신청서에 얼마 썼어?"

전 상무는 조심스럽게 대답했어요.

"9억 3천만 달러요."

정주영은 가슴이 철렁 내려앉았어요. 너무 놀라 한동안 말도 나오지 않았습니다. 보통 이런 상황이면 크게 화를 냈겠지만, 이건 너무 중요한 일이었기 때문에 그럴 수도 없었어요. 전 상무가 회사를 생각해서 한 행동이 고맙기도 했지만, 한편으론 답답했죠. 전 상무는 구석에서 눈물을 흘리며 걱정하고 있었어요.

10개 건설사가 모여 초조하게 결과를 기다리던 때, 드디어 사우디아라비아의 공무원이 걸어 나와 입찰 결과를 발표했어요.

"주베일 항만 공사는 9억 3천만 달러를 써낸 현대건설로 낙찰되었습니다!"

정주영과 직원들은 환호성을 질렀고, 전갑원 상무는 마치 죽었다 살아난 사람처럼 기뻐했어요. 이로 인해 현대건설은 큰 공사를 따냈고, 한국은 역사상 가장 많은 외화를 벌게 되었어요. 그 덕분에 오일쇼크로 어려움을 겪던 나라 경제도 좋아질 수 있었죠.

불가능을 가능으로 : 전설이 되다

1976년 7월, 현대건설은 주베일 항만 공사를 시작했어요. 하지만 많은 어려움이 있었어요. 특히 가장 큰 문제는 30미터 깊이의 바닷속에 설치해야 하는 '재킷'이라는 거대한 철근 구조물 89개를 만들고 옮기는 일이었습니다.

재킷 하나는 얼마나 컸을까요? 무게가 550톤이나 되고, 크기는 10층 빌딩과 비슷했어요! 이런 큰 물건을 사막에서 만들려면 시간도 오래 걸리고 돈도 많이 들어서 손해를 볼 게 뻔했죠.

그런데 정주영은 아무도 생각하지 못한 기발한 아이디어를 냈어요. 한국의 현대조선소에서 재킷을 만든 다음, 배로 사우디아라비아까지 옮기기로 한 거예요.

이 소식을 들은 사우디아라비아의 공무원들은 깜짝 놀라 "절대 안 된다"며 펄쩍 뛰었습니다. 한국에서 사우디아라비아로 가는 바닷길은 태풍이 자주 부는 위험한 곳이었기 때문이죠. 조금만 잘못되면 모든 것이 바다에 빠질 위험이 있었어요.

하지만 정주영은 이 방법만이 공사를 성공할 수 있는 유일한 길이라고 생각했어요. 그래서 현대조선소에 재킷을 만들고, 태풍이 불어도 물에 뜰 수 있는 특별한 장치도 만들라고 지시했습니다. 재킷을 실어 나를 큰 배 9척도 준비했고요.

드디어 울산에서 재킷을 실은 배가 출발했어요. 많은 이들이 걱정했지만, 35일 만에 재킷은 무사히 주베일 항만에 도착했답니다.

이런 방식으로 19번이나 재킷을 운송했고, 모두 성공적으로 마무리되었습니다. 이 일은 전 세계 건설업계에서 전설처럼 기억되고 있어요.

마침내 1983년, 주베일 항만이 완성되었고, 현대건설은 세계적으로 인정받는 글로벌 기업으로 성장했습니다. 이후 현대건설은 중동에서 더 많은 대형 공사들을 맡게 되었어요.

포니, 날아오르다

현대자동차의 이야기는 1940년에 창업한 자동차 수리회사 '아도서비스'에서 시작됐습니다. 하지만 약 30년 동안 자동차 사업은 크게 발전하지 못했고, 현대는 주로 건설 일에 집중했죠.

그러던 중 1966년, 세계적인 자동차 회사 포드가 한국에 공장을 세우려 한다는 소식이 들려왔습니다. 포드는 한국 회사들 중에서 함께 일할 파트너를 찾고 있었지만, 현대는 그 대상에 포함되지 않았어요.

뒤늦게 이 소식을 들은 정주영은 급히 동생 정인영에게 전화를 걸었어요. 정인영은 미국에서 공부 중이었죠. 형의 말에 따라 정인영은 무작정 포드 본사를 찾아갔습니다.

어렵게 포드 임원진과 만난 자리에서 정인영은 "현대의 뿌리는 자동차 수리공장이며, 정주영 회장이 자동차 전문가"라고 열정적으로 설명했어요. 그의 이야기를 들은 포드는 정주영을 만나 보기로 했죠.

이후 정주영은 1967년 12월에 현대자동차주식회사를 세우고,

동생 정세영을 사장으로 임명했습니다.

한국에 온 포드자동차 부사장과 정주영의 만남은 마치 면접시험 같았어요. 하지만 정주영은 자동차에 대해 정말 잘 알고 있었죠. 그는 엔진부터 모든 부품의 원리까지 자세히 설명했고, 포드 부사장은 정주영의 지식과 열정에 깊은 인상을 받았어요.

긴장하며 준비했던 협상은 예상보다 짧은 시간에 끝났어요. 현대는 모두의 예상을 뒤집고, 포드와 계약을 맺어 '포드'와 '코티나'라는 차를 위탁생산다른 회사의 기술로 제품을 대신 만들어주는 방식하게 되었어요. 이후 현대자동차는 순조롭게 판매를 이어갔습니다.

1971년, 포드와의 계약이 끝나갈 무렵 정주영은 더 큰 꿈을 꾸었습니다. 포드와 함께 새 회사를 만들어 새로운 자동차를 개발하고 외국에도 팔고 싶었죠. 하지만 포드는 "세계 시장은 이미 포드의 것이다. 수출은 안 된다. 게다가 한국의 기술로는 어림도 없다"라며 이 제안을 거절했어요.

자동차 산업은 3만 개 이상의 부품이 들어가는 매우 복잡한 산업이에요. 독자적으로 자동차를 개발하는 것은 기술적으로 매우 어려운 도전이었죠. 당시 자기 힘으로 자동차를 만들 수 있는 나라는 전 세계에서 10개 정도밖에 없었어요. 그리고 50년이 지난 지금도 그 숫자는 20개 정도에 불과합니다.

주변에서는 독자 개발의 꿈을 접고 포드와 다시 위탁계약을 하라고 아우성이었어요. 모두가 정주영에게 "포드와 다시 계약을 맺는 게 낫다"고 조언했죠.

현대자동차는 이미 엄청난 돈을 들여 공장을 지었고, 3천 명이 넘는 직원도 고용한 상태였어요. 자체적으로 자동차를 만들다가 실패하면 회사가 망하고, 많은 사람이 일자리를 잃게 될 위험도 있었습니다.

포니에서 시작된 현대자동차의 도전

정주영 역시 자동차를 독자적으로 개발하는 것이 두려웠지만, 용기를 내어 포드와의 협력을 끝내고 독자 개발을 선언했습니다.

"미국과 일본이 우리보다 앞서 나갔다고 실망할 필요 없어요. 그들이 이룬 곳에서 우리가 시작할 수 있습니다. 이제는 우리 힘으로 자동차를 만들어 봅시다."

정주영은 곧바로 행동에 나섰어요. 이탈리아로 가서 세계 최고

현대자동차의 포니 수출을 보도하는 1976년 11월 대한뉴스.
포니 자동차를 배에 싣는 장면입니다.

출처: e영상역사관
▶ 오른쪽 QR코드를 스캔하면 해당 뉴스를 볼 수 있어요.

의 자동차 디자이너인 조르제토 주지아로와 계약을 맺었고, 영국
에서는 유명한 자동차 개발 전문가 조지 턴불을 데려왔습니다. 모
든 일이 아주 빠르게 진행됐죠.

 1974년, 현대자동차는 1억 달러를 투자해 한국 최초의 독자개
발 생산공장을 세웠습니다. 그리고 1975년, 드디어 한국 최초의
고유 자동차 모델인 '포니'가 탄생했답니다. 포니의 성공에는 정
주영의 동생 정세영의 노력이 컸고, 그래서 사람들은 정세영을
'포니 정'이라고 부르기 시작했어요.

'포니Pony'는 작지만 힘이 센 조랑말을 뜻해요. 작은 차라는 뜻도 있고, 현대자동차의 첫출발을 알리는 이름이기도 했죠.

포니는 미국과 유럽 등 전 세계로 수출되며 큰 성공을 거두었습니다. 세계 사람들은 한국이 자동차를 만들 수 있을지 의심했지만, 포니는 그들을 놀라게 했어요.

이후 정주영은 현대자동차를 아들 정몽구에게 넘겼고, 정몽구는 기아자동차도 사들여 '현대자동차그룹'을 만들었어요. 정몽구는 한국인 최초로 미국 자동차 명예의 전당에 오르기도 했답니다. 그리고 그 뒤를 이어 정의선이 회사를 이끌게 되었어요.

기아자동차의 K시리즈가 성공을 거두며, 오늘날 현대자동차그룹은 세계에서 3번째로 큰 자동차 회사로 성장했습니다.

정주영은 이렇게 말했어요.

현대자동차는 여러 캠페인과 전시 등을 통해 지금도 포니를 기념하고 있습니다.

▶ 오른쪽 QR코드를 스캔하면 현대자동차 홈페이지 '포니의 시간' 사이트로 이동합니다

자동차는 달리는 국기다. 우리의 자동차가 수출되고 있는 국가라면 어느 곳에서나 자동차를 자력으로 생산, 수출할 수 있는 수준의 국가라는 이미지 덕분에 다른 상품도 높이 평가된다.[38]

한류의 시작, 88 서울올림픽

1988년 서울올림픽 개막식. 경기장이 잠시 조용해졌어요. 전세계 사람들이 숨을 죽이며 잠실올림픽 주 경기장을 지켜보던 그때, 하얀 옷을 입은 일곱 살 어린이가 굴렁쇠를 굴리며 경기장의 정적을 가로질러 달렸습니다.

이 굴렁쇠 소년의 등장은 단순한 공연이 아니었어요. 한국이 일제 강점기와 전쟁의 상처를 딛고, 가난을 극복하며 선진국으로 도약하는 모습을 상징하는 예술이었습니다.

그 당시 세계는 미국과 소련을 중심으로 갈등하며 냉전을 겪고 있었습니다. 그러나 한국은 88 서울올림픽을 통해 전 세계를 하나로 모으며 평화의 상징이 되었어요. 이 올림픽을 계기로 한국의 저력과 문화를 전 세계에 알리며 한류의 시작을 알렸죠.

한국의 근대사는 88 서울올림픽을 기점으로 나뉜다 해도 과언이 아닐 만큼, 이 사건은 큰 변화를 가져왔습니다. 그런데 이 역사적인 순간에 정주영이 중요한 역할을 했다는 사실을 알고 있나요?

88 서울올림픽 개막식에 등장한 굴렁쇠 소년
출처: 국립스포츠박물관 유튜브 ▶ 오른쪽 QR코드를 스캔하면
관련 영상 "1988 서울올림픽 개회식 속, 굴렁쇠 소년의 비밀"로 이동합니다

  1979년, 당시 박정희 대통령은 88 서울올림픽을 한국에서 열겠다고 발표했지만, 갑작스럽게 세상을 떠나면서 계획이 중단되었습니다.

  그 후 권력을 잡은 전두환 대통령은 정주영을 88 서울올림픽 유치위원장으로 임명했고, 본격적인 유치_{행사나 사업을 끌어들이는 것} 활동이 시작되었어요.

  당시 한국의 가장 강력한 경쟁 상대는 일본이었어요. 일본은 나고야를 올림픽 개최지로 정하고, 오랫동안 준비를 해왔기 때문에 한국이 선정될 가능성은 매우 낮아 보였죠.

게다가 한국은 과거 1968년 아시안게임 유치를 성공했음에도 예산 부족으로 이를 포기한 적이 있었어요. 이 때문에 국제올림픽위원회IOC는 한국을 신뢰하지 않았죠. 거의 불가능한 임무였지만, 정주영은 이 도전에 용감하게 나섰습니다.

1981년 9월 30일, 독일 바덴바덴에서 88 올림픽 개최지를 정하는 회의가 열렸습니다. 한국과 일본 간의 총성 없는 전쟁이 시작된 것이에요.

정주영은 바덴바덴에 도착해 100여 명의 유치단원과 회의를 열었어요. 그러나 모두 비관적인 이야기만 할 뿐이었고, 예산도 부족했습니다. 정주영은 자기 돈으로 활동비를 지원하고, IOC 위원들에게 한 명씩 담당자를 붙여 열심히 설득하게 했어요.

그리고 한국을 소개하는 전시관을 만들어 서울의 발전된 모습을 보여주고, 모든 방문객에게 장미 한 송이를 선물했어요. 이 작전은 제법 효과가 있어서 현지 신문에 "서울이 장미로 IOC 위원들을 매혹했다"는 기사가 실리기도 했답니다.

반면, 일본은 IOC 위원 부부들에게 고급 시계를 선물했지만, 정주영은 이를 따라 하지 않았습니다. 대신 꽃바구니를 보내기로 했죠. 일부에서 반대 의견이 있었지만, 정주영은 81개의 꽃바구니를 정성껏 준비해 보내고, 꽃이 시들면 새 꽃으로 바꿔주기까지 했어요. 이 작은 정성이 IOC 위원들의 마음을 움직였죠.

한국인을 만난 IOC 위원들과 그 부인들은 꽃이 아름답다며 웃으며 인사를 나눴고, 자연스럽게 대화가 이어졌습니다. 이를 통해 한국의 개최 능력과 열정을 자연스럽게 전달할 수 있었어요.

그러나 일본도 만만치 않았습니다. 일본은 "서울은 전쟁이 일어날 수 있는 곳에 너무 가까워 위험하다"고 말하며 한국을 비난했어요.

정주영은 그런 비난에 대응하지 않았습니다. 대신 한국의 강점과 열정을 강조하며 한국이 올림픽을 성공적으로 치를 수 있는 능력을 강조했습니다. 유치단은 모두 한 마음 한 뜻으로 서울올림픽 유치를 위해 최선을 다했어요.

아버지의 올림픽, 아들의 월드컵

정주영은 올림픽 유치의 결정타_{승패를 결정짓는 마지막 강력한 한 방}를 준비했습니다. IOC에서 영향력이 큰 영국의 IOC 위원 두 명을 만나 설득하려고 한 거예요. 처음에는 분위기가 좋지 않았어요.

"정주영 위원장님, 스포츠와 관련된 일을 해본 적 있나요?"

"아니요, 이번이 처음입니다."

"스포츠도 모르는 사람이 무슨 올림픽 유치 위원장이란 말입니까?"

정주영은 이 질문에 당황하지 않고, 대화를 새로운 방향으로 이끌었어요.

"이번에 일본이 올림픽을 유치하면 두 번째가 됩니다. 일본은 올림픽 유치를 계기로 경제와 산업이 급성장할 겁니다. 그동안 영국이 주도하던 조선산업, 자동차산업, 제철산업 등이 일본으로 넘어갈 수 있습니다."

영국 위원들은 잠시 생각하더니 고개를 끄덕였습니다.

"그럴 수도 있겠군요…."

정주영은 매우 빠르게 행동하는 사람이었지만, 그 안에는 늘 치밀한 전략이 숨어 있었습니다. 이번에도 그는 일본의 경제 성장을 경계하는 영국 위원들의 마음을 정확히 파악했던 거예요.

이렇게 스포츠에서 경제 문제로 대화를 전환한 정주영은, 이후 독일과 프랑스의 IOC 위원들도 같은 방식으로 설득해 나갔습니다.

마침내 1981년 9월 30일, 모두가 기다리던 결정의 날이 다가왔습니다. 사마란치 국제올림픽위원회 위원장이 결과를 발표하는 순간, 전 세계가 숨을 죽였어요.

"쎄울, 꼬레아!"

한국이 52표를 얻어 27표에 그친 일본을 크게 이기고 88 서울 올림픽 유치에 성공한 것입니다. 아무도 예상하지 못했던 결과였죠. 그 자리에는 정주영의 아들 정몽준도 있었어요.

바덴바덴에서 아버지를 도와 통역하며 아버지의 전략을 직접 보고 배운 정몽준은 훗날 대한축구협회장이 되어 2002년 월드컵 유치에 도전했습니다.

이번에도 강력한 경쟁자는 일본이었고, 대부분의 사람들은 일본이 이길 거라고 생각했죠. 하지만 정몽준은 포기하지 않고 전 세계를 다니며 월드컵 유치를 위해 노력했습니다. 1994년부터 1996년까지, 지구를 15바퀴 돌 만큼의 거리를 이동했죠.

1996년 5월 31일, FIFA국제축구연맹 회장이 발표했습니다.

"나는 한국과 일본의 공동 개최를 제안했고, 만장일치로 결정되었습니다."

이후 정몽준은 2002년 월드컵 조직위원장이 되어 체계적으로 월드컵을 준비했고, 아시아 축구 역사상 처음으로 한국을 4강에 올려놓았습니다. 아시아 축구 역사상 처음 있는 일이었죠.

그에 앞서, 아버지 정주영도 88 서울올림픽 후 대한체육회장이 되어 한국을 올림픽에서 역대 최고 성적인 4위에 올려놓은 바 있습니다. 아버지와 아들 모두 국제 스포츠 행사에서 놀라운 성과를 이뤄냈지만, 관련된 수익 사업에는 참여하지 않고 후원만 하며 행사를 치렀습니다.

많은 사람이 "사업을 시작하는 것보다 지키는 것이 더 어렵다"라고 말합니다. 정몽준은 아버지에게서 배운 도전 정신으로 2002년 월드컵을 성공시켰고, 아버지의 경영 능력을 이어받아 현대중공업을 세계 1위의 조선회사로 성장시켰습니다.

황소 1001마리로 평화를 꿈꾸다

84세가 된 정주영은 마지막 사업을 결심했어요. 바로 남과 북의 평화를 위한 사업이었죠. 그는 북한의 김정일 위원장을 직접 만나고 싶었어요. 그래서 특별한 계획을 세웠습니다.

1998년 6월 16일 오전 9시경. 황소 500마리를 실은 트럭 50대가 군사분계선남북한의 경계를 이루는 선을 넘으면서 '소떼 방북 작전'이 시작되었습니다. 정주영은 직접 소를 몰고 군사분계선을 걸어서 넘었죠.

그 순간 주변에 수많은 빛이 터졌습니다. 이 역사적 장면을 담기 위해 CNN 등 전 세계의 언론들이 일제히 카메라 플래시를 터트린 것입니다.

정주영은 한국전쟁 이후 군사분계선을 자유롭게 걸어 넘어 북한 땅을 밟은 최초의 사람이 되었어요. 이 장면을 본 프랑스의 세계적인 문명비평가 기 소르망은 이렇게 말했습니다.

"가장 아름답고 충격적인 20세기 최후의 전위예술실험적이고 혁신적인 시도를 강조하는 예술 작품이다."

정주영은 열일곱 살 때 소 한 마리를 팔아 서울로 상경했었죠. "이제 그 한 마리가 천마리의 소가 되어 그 빚을 갚으러 꿈에 그리던 고향산천을 찾아간다"라며 그는 감격했습니다. 소떼를 이끌고 북한에 가서 경제와 평화를 이야기하고 싶었지만, 김정일 위원장은 정주영을 만나주지 않았어요.

그러나 정주영은 포기하지 않았습니다. 같은 해 10월, 이번에는 소 501마리를 데리고 다시 북한을 찾았습니다. 그는 김정일의 연락을 기다렸지만, 연락은 오지 않았죠.

밤이 깊어 정주영이 잠을 자려던 순간, 김정일이 직접 그의 숙소로 찾아왔습니다. 북한의 최고지도자가 한밤중에 직접 찾아온 것은 매우 특별한 일이었어요. 그날 밤, 정주영과 김정일의 역사적인 담판이 시작되었어요.

"금강산 관광 사업을 하고 싶습니다."

정주영이 말했습니다.

"왜 금강산이요?"

"금강산은 평양과 멀리 떨어져 있어 이곳이 개방되어도 북한 정권에 위협이 되지 않습니다. 남한 사람들도 금강산을 꼭 가보고 싶어 하니, 이 사업은 성공할 수밖에 없습니다. 관광객이 들어가면 북한은 큰돈을 벌 수 있습니다."

김정일은 잠시 고민하더니 "좋아요. 대신 신의주에 공단을 만들어 주시오"라고 제안했습니다. 하지만 정주영은 바로 거절했어요.

"신의주는 안 됩니다. 개성에 공단을 세워야 합니다."

북한에서 김정일의 말은 곧 법이었기 때문에, 그의 제안을 거절하는 사람은 이제껏 단 한 사람도 없었습니다. 당황한 김정일은 이유를 물었어요.

"왜 신의주가 아니라 개성입니까?"

"신의주는 너무 멀고, 전기가 부족해서 공장을 돌리기 어렵습니다. 반면에 개성은 남한과 가까워 전기를 쉽게 끌어올 수 있고, 남한과의 거래도 더 쉬워서 경제적으로도 적합합니다."

정주영은 김정일과의 만남 전부터 그가 어떤 요구를 할지 예상하고, 그에 맞는 답변을 준비해 두었어요. 김정일은 정주영의 논리에 설득되었습니다. 군부의 반발이 있었지만 김정일은 "도와주라"고 지시했어요.

정주영은 개성에 공단을 세워 한국 기업들이 입주하고, 북한 주민을 고용하는 모델을 만들고자 했습니다. 이를 통해 북한을 조금씩 개방하고 경제 발전을 이끌어 내려는 계획이었죠.

이 역사적인 담판에서 정주영은 탁월한 전략가로서, 강력한 권력자인 김정일을 설득하고 자신의 뜻을 관철시키는 모습을 보여 주었어요.

끝이 아닌 새로운 시작

한 달 뒤인 1998년 11월 18일, 정주영은 '현대금강호'라는 배에 한국 관광객 1,300명을 태우고 동해항을 출발해 북한의 장전항에 도착했습니다. 금강산 관광이 처음으로 시작된 것입니다. 그 후로 10년 동안 무려 195만 명이 금강산을 다녀왔어요. 정말 대단하지 않나요?

1999년, 정주영은 자신의 호를 딴 '현대아산'이라는 회사를 만들었어요. 이 회사를 통해 그가 평생 꿈꿔온 북한과의 사업을 본격적으로 시작했죠. 그의 목표는 무엇이었을까요? 바로 남북한이 함께 경제 활동을 하면서 평화를 만드는 것이었습니다.

2001년 3월 21일, 정주영은 자신의 필생 과업인 개성공단 건설을 시작했어요. 하지만 안타깝게도 그해 87세의 나이로 세상을 떠났습니다. 2006년 11월 미국의 유명한 시사 잡지 〈타임〉은 그의 업적을 인정하여 '아시아의 영웅'에 정주영을 선정했습니다.

그가 세상을 떠난 후에도 그의 꿈은 이어졌습니다. 2004년, 개성공단이 문을 열었고, 우리나라 기업들이 하나둘 자리를 잡았죠. 2010년에는 북한 노동자 4만 4천 명이 개성공단에서 일하게 되었어요. 정주영의 꿈이 실현되는 것 같았습니다.

하지만 2008년에 금강산 관광객 피격 사건이 발생해 금강산 관광이 중단되었고, 2016년에는 개성공단마저도 문을 닫게 되었습니다.

잠깐!

금강산 관광객 피격 사건

2008년 7월, 금강산을 관광하던 한 한국인 관광객이 북한군의 총에 맞아 사망한 사건이 일어났습니다. 이 관광객은 금강산의 아름다운 경치를 구경하던 중 군사 구역에 들어갔다는 이유로 북한군의 총격을 받았어요. 이 사건으로 남북한 간의 관광 교류가 멈추게 되었습니다.

그런데 정주영은 마치 이런 일을 예상한 것처럼, 황소 1천 마리에 1마리를 더해서 1,001마리를 보냈었답니다. 그리고 이유를 이렇게 설명했죠.

"1,000은 끝나는 숫자이지만, 1은 계속 이어지는 숫자입니다. 끝이 아니라 다시 시작이라는 겁니다."

정주영의 마지막 사업은 북한 주민을 돕고, 통일을 앞당기려는 평화 사업이었습니다. 지금은 남북한의 협력이 멈춘 상태지만, 정주영이 황소 1,001마리에 담아둔 평화와 통일의 꿈은 언젠가 남북한을 다시 일으켜 세우고 통일을 앞당길 거예요.

타임라인 인물사

세계사	한국사		정주영 1915~2001

제1차 세계대전 1914~1918 · **일제강점기** 1910~1945 · **1915** 출생

3.1운동 ● **1919**

중일전쟁 발발 ● **1937**
1938 쌀가게 '경일상회' 창업

제2차 세계대전 1939~1945
1940 조선총독부에 의해 영업중지, 자동차 수리공장 '아도서비스'를 인수

해방 ● **1945**
냉전 시작 **1946** '현대자동차공업사' 창업
1947
대한민국정부 수립 ● **1948**

한국전쟁 1950~1953 · **1950** '현대건설주식회사' 창립

1965 현대건설, 태국 고속도로 공사 계약을 따내며 첫 해외 진출

1968 경부고속도로 공사를 시작

경부고속도로 개통 ● **1970** 울산에 현대조선소 건설 시작

제1차 오일쇼크 1973~1974 ● **1973** 현대조선소 완공
1974
1975 한국 최초 고유 자동차 모델 '포니' 개발

제2차 오일쇼크 1979~1981 ● **1979**

1983 사우디 주베일 항만 완공 1976~1983

베를린 장벽 붕괴, 냉전 종식 · 88서울 올림픽 ● **1988** 서울올림픽 개최에 기여
1989

IMF 외환위기

금강산 관광 시작 ● **1997** 소떼 방북,이듬해
1998 남북 경제 협력을 위한 현대아산 설립
김대중 대통령 노벨평화상 수상 ● **2000** 별세
한일 월드컵 **2001**
2002
개성공단 운영 시작 ● **2004**
금강산 관광 중단 **2006** 〈타임〉지 선정 '아시아의 영웅'
세계 금융위기 ● **2008**

인생과 성공, 기업가정신에 관한
정주영의 지혜

66 시련은 있어도 실패는 없다. 꿈을 버리지 않는 한 실패란 있을 수 없다.

창업의 가장 근본이 무엇이냐고 묻는다면 낙관적인 사고와 자신감이라고 말할 것이다.

어떤 실수보다도 치명적인 실수는 일을 포기해 버리는 것이다.

나는 어떤 일을 시작하든 '반드시 된다'는 확신 90퍼센트에 '할 수 있다'는 자신감 10퍼센트로 100퍼센트를 채우지, 안 될 수도 있다는 회의나 불안은 단 1퍼센트도 끼워 넣지 않는다.

작은 일을 소홀히 하는 사람은 큰 일을 할 수 없다. 작은 일에도 최선을 다하는 사람은 큰 일에도 전력을 다한다. 99

05

포스코
창업주

한국의 산업혁명을 일으킨
아이언맨
박태준

그는 스티브 잡스보다 위대합니다

2011년 겨울, 한국 철강산업의 큰 별이 졌어요. 바로 포스코를 만든 박태준이었죠. 평생을 강철 같은 의지로 세계 1위 철강회사를 세웠지만, 무소유로 생을 마감했습니다.

철강왕의 빈소를 찾은 이재용 삼성전자 회장은 이렇게 말했습니다.

"스티브 잡스가 IT업계에 끼친 영향이나 공헌보다도 박태준 회장님께서 우리나라 산업과 사회에 남겨주신 좋은 유산과 공적이 몇 배 더 크시지 않나 싶습니다. 이 분이 안 계셨다면 우리 사회의 발전된 경제도 불가능하지 않았나 생각합니다."

박태준은 포항 영일만의 모래밭에 포스코포항종합제철주식회사를 건설하고, 한국의 산업혁명을 이끌었습니다. 조정래 작가는 박태준의 일생을 묘비에 새겼습니다.

20대에 '짧은 일생을, 영원 조국에'란 인생 좌표를 세우고, 포스코로 '제철보국'을, 유치원에서 포항공대까지 설립해 '교육보국'의

이상을 실현시킨 당신은 이 땅의 경제의 아버지, 교육의 신개척자,

사리사욕 없이 나라 위해 일평생을 바친 당신은 조국의 일꾼이며 민

족의 위인이시라.

철인과 철인의 만남

"포탄이 날아가는 탄도궤적을 누가 풀어 보겠나?"

박정희 교관의 날카로운 질문에 육군사관학교의 교실에 팽팽한 긴장이 흘렀어요. 탄도 궤적을 계산하려면 미적분과 기하학 등의 어려운 수학원리를 알아야 했죠. 아무도 손을 들지 않자, 박정희는 생도들을 좌우로 지그시 쳐다보았습니다. 모두 눈을 피했지만 단 한 명은 두려움 없이 교관과 정면으로 눈을 맞췄죠.

"자네가 나와서 풀어 보게."

생도는 칠판의 왼쪽부터 오른쪽까지 숫자와 공식을 꽉 채우고 난 후에 정답을 썼습니다. 교관의 눈매는 여전히 날카로웠지만, 마음속에는 잔잔한 미소가 퍼져 나갔어요.

"자네, 이름이 뭔가?"

"박태준입니다."

박정희와 박태준의 첫 만남은 클래식 선율처럼 잔잔했지만, 그 만남의 순간 이미 역사의 거대한 쓰나미는 시작되고 있었습니다. 그날 밤 막사에 누운 박태준은 군대 장교라는 직업에 확신을 갖고, 지금까지의 삶을 되돌아보며 잠이 들었습니다.

강인함만이 살 길이다

박태준은 1927년, 바다와 산이 어우러진 부산 기장군 임랑리에서 태어났습니다. 이곳은 기장 미역으로 유명했는데, 일본인들이 들어와 어느새 미역 어업권을 장악해 버렸죠.

다행히 일본인 사장은 꽤 괜찮은 사람이었어요. 박태준의 아버지와 좋은 관계를 맺었고, 나중에는 일본으로 건너가 자리를 잡으면서 박태준의 아버지를 불렀답니다.

여섯 살이던 박태준은 엄마 손을 잡고 4천 톤짜리 큰 배에 올랐어요. 작은 나무배만 보다가 거대한 성 같은 배를 보니, 어린 마음에도 한국과 일본의 차이가 실감 났죠.

새로운 환경에 적응하는 건 쉽지 않았어요. 일본 초등학교에 다니면서 박태준은 많은 차별을 겪었거든요. 하지만 그때마다 깨달았습니다.

'이기려면 공부와 체력밖에 없어!'

우수한 성적으로 명문 중학교에 입학한 뒤의 일이에요. 교내 수영대회가 열렸고, 열띤 응원전이 펼쳐졌어요. 비록 일본의 식민

지배를 받고 있지만, 수영만큼은 이길 수 있다는 강한 의지로 박태준은 혼신의 힘을 다해 1등으로 들어왔습니다.

그런데 한국인이 1등이라는 것을 안 학생들의 야유가 쏟아졌어요. 당황한 심판은 박태준이 반칙했다며 2등으로 끌어내렸죠.

이런 일이 한두 번이 아니었습니다. 차별의 강도가 커 갈수록 박태준의 의지는 단련되었고, 한국인으로서의 정체성은 더욱 확고해졌어요.

전쟁의 폭풍 속에서

1941년, 일본이 미국 진주만을 기습 공격하면서 태평양전쟁이 시작됐어요. 처음에는 일본이 승승장구했지만, 전쟁이 길어지면서 점점 불리해졌죠.

전쟁이 막바지에 다다랐을 때였어요. 일본군 장교 출신 선생님이 성적과 체력이 뛰어난 박태준을 불렀습니다.

"너는 일본 육군사관학교에 들어가라."

"싫습니다!"

"빠가야로!(바보자식!)"

선생님은 욕설과 함께 박태준을 지독하게 매질했어요. 하지만 박태준은 더 지독하게 버텨냈고, 결국 명문 와세다대학교 기계과에 합격했습니다.

그즈음 미국은 일본을 대규모로 폭격하기 시작했어요. 1945년에는 히로시마와 나가사키에 인류 역사상 처음으로 원자폭탄까지 떨어졌죠. 8월 15일, 일왕이 라디오를 통해 '무조건 항복'을 선언하면서 4년간의 태평양전쟁은 끝이 났어요.

하지만 박태준은 마음을 놓을 수 없었어요. 나가사키에 살고 있는 큰아버지 가족이 걱정됐거든요. 방사능의 위험도 아랑곳하지 않고 나가사키로 달려갔어요.

지옥이 있다면 그런 모습일까요? 나가사키는 모든 게 사라져 있었어요. 새까맣게 탄 시체만이 가득했죠. 눈을 내리깔고 코를 막은 상태에서 큰아버지 집으로 향하던 그에게 기적과 같은 광경이 펼쳐졌습니다. 저 멀리서 큰아버지가 손을 흔들고 있었던 거예요! 다행히 큰아버지의 집은 원자폭탄이 떨어진 곳 너머 산이 있어서 그 산이 자연 방벽이 되어 무사할 수 있었답니다.

큰아버지 가족의 안전을 확인한 박태준은 도쿄에 있는 부모님과 형제들을 찾아갔어요. 그리고 한 치의 망설임도 없이 가족과 함께 평화로운 고향 마을로 돌아왔습니다.

타협하지 않는 청년장교

해방된 조국으로 돌아온 박태준은 군인의 길을 택했습니다. 1948년 7월 28일, 소위로 임관_{장교 또는 부사관으로 채용되는 것}해 열심히 일한 덕분에 대위로 진급했죠. 포천에서 중대장으로 근무하던 1950년 6월 25일, 갑자기 전쟁이 터졌어요.

최전선에서 북한군과 맞섰지만 막기에는 힘이 부족했어요. 삶과 죽음이 교차하는 전선에서 계속 후퇴를 거듭하다가 포항까지 밀렸죠. 그곳에서 중대원들과 처절한 전투를 벌이고 있을 때, 희망적인 소식이 들려왔습니다. 맥아더 장군의 인천상륙작전이 성공해 전세가 완전히 뒤집힌 것입니다.

곧이어 북진 명령이 떨어졌어요. 박태준은 부대를 이끌고 북으로, 또 북으로 계속 전진했고, 마침내 청진까지 도달했어요.

'이제 조금만 더 가면 한반도 최북단 온성이다. 그곳에 태극기만 꽂으면 전쟁이 끝날 텐데…'

하지만 그때였어요. 수십만 명의 중공군이 새까맣게 밀려 내려와 국군의 허를 찔렀어요. 박태준은 눈물을 머금고 다시 후퇴해야 했죠. 1953년 7월 27일에 한반도의 허리를 갈라 남한과 북한으로 나눈 다음에야, 전쟁은 멈췄습니다.

3년간의 전쟁에서 박태준은 무공훈장 2개를 받고 중령으로 진급했어요. 이후 육군대학을 수석으로 졸업하면서 대령이 되었고, 엘리트 코스인 국방부 인사과장을 맡았습니다.

어느 날 그에게 1군사령부에 있던 박정희 장군이 찾아왔어요. 근 10여 년 만에 그들은 반가운 인사를 나눴습니다. 이때부터 박정희는 지속적으로 박태준을 자신의 곁에 두고 싶어 했죠.

"박 대령, 이제 1군으로 와서 나하고 같이 근무하면 어떤가?"

"좋습니다. 저도 1군에서 근무하고 싶습니다."

그렇게 얼마 후, 박태준은 1군 사령부 25사단 참모장이 되었어요. 참모장은 부대의 모든 일을 책임지는 중요한 자리입니다. 비록 박정희가 있는 1군 사령부와는 거리가 있었지만, 같은 1군 소속이라 자주 만날 수 있었죠.

어느 날 병사식당을 순찰하던 박태준은 이상한 점을 발견했어요. 아무도 김치를 먹지 않는 것이었죠.

"당장 고춧가루 가져오고, 보급장교 불러!"

박태준이 물에 고춧가루를 풀자 톱밥 같은 것이 둥둥 떴어요.

"병사들이 먹는 음식에 장난을 쳐. 넌 반역자야!"

당시에는 업자와 짜고 가짜 군수품을 납품받고 뇌물을 받는 군인들이 많았어요. 박태준이 사단장에게 보고했지만 오히려 '너무 흥분하지 말라'는 핀잔만 들었죠. 그 같은 비리가 담당장교부터 장군까지 공공연히 퍼져 있었던 거예요.

그날 밤, 고춧가루 업자가 찾아와 두꺼운 돈봉투를 내밀었어요. 박태준은 권총을 뽑아 들었습니다.

"당장 꺼져! 총으로 쏴버릴 거야!"

다음 날 이 사건을 보고 받은 박정희는 박태준을 더욱 신뢰하게 되었어요.

군인에서 경영자로 변신하다

박정희는 부산에 있는 군수사령부의 사령관으로 부임하면서 박태준을 참모로 데려갔습니다. 그곳에서 박정희는 군사정변을 계획하게 됩니다. 박태준은 박정희의 뜻을 따르기로 결정했죠.

1961년 5월 16일, 역사의 흐름을 바꾼 바로 그날. 박정희는 관련자 명단에서 박태준의 이름을 제외했습니다. 그날 새벽, 전투복을 입고 박정희에게 달려간 박태준은 물었어요.

"왜 저는 명단에 없습니까?"

"나는 혁명이 실패하는 경우도 가정할 수밖에 없었어. 실패하면 형장의 이슬로 사라져야 하잖아? 그날이 오게 된다면 자네에게 두 가지를 부탁할 작정이었어. 하나는 무사히 남아서 우리 군을 이끌어 달라는 것이고, 다른 하나는 내 가족의 뒤를 봐달라는 것이었어."[39]

박정희는 5·16 군사정변에 실패할 것을 걱정해 가장 아끼는 제자이자 후배였던 박태준을 죽음의 길에 끌어들이지 않았습니다. 이후 박정희는 최고 권력자가 되었고, 박태준을 비서실장에 임명했어요.

그러나 박태준은 권력에도, 정치에도 큰 관심이 없었어요. 그는 미국에 유학 가서 공부를 더 하고 돌아와 나라 발전에 기여하고 싶었습니다.

대통령이 된 박정희는 박태준에게 상공부장관과 국회의원을 제안했지만, 이마저도 박태준은 단호히 거절했어요. 그는 육군소장으로 전역한 후, 계획대로 미국행을 준비했습니다.

나라 발전을 위해 박태준의 능력이 꼭 필요했던 박정희는 다시 한번 제안을 했어요. 이번에는 정치가 아닌 경제 분야였죠. 적자에 허덕이는 공기업 '대한중석'현재 대구텍을 맡아달라는 것이었어요. 대한중석은 텅스텐을 캐서 파는 회사였는데, 너무 많은 손해를 보고 있어서 정부에 큰 부담이 되고 있었습니다.

경제 발전에 관심이 있었던 박태준은 대한중석 사장에 올라 경영자의 길을 걷기 시작합니다. 1963년, 그의 나이 37세였습니다.

적자기업을 1년 만에 흑자로 바꿔놓다

대한중석은 텅스텐을 수출하는 중요한 국영기업이었어요. 당시 우리나라의 연간 수출액이 4천만 달러였는데, 대한중석에서만 1,500만 달러를 벌어 들였어요. 전체 국가 수출의 30퍼센트를 책임지는 회사였던 거죠.

그런데 대한중석은 계속 손해를 보고 있었습니다. 대체 왜일까요? 이 문제를 해결해야 하는 과제가, 단 한 번도 경영을 해보지 않은 박태준에게 주어졌습니다. 그는 비장한 마음으로 대한중석을 맡았어요.

그의 실패를 바라는 사람들도 많았기에 부담은 더욱 컸습니다. 박정희가 신뢰하는 모습을 보고는 질투하며 '얼마나 잘하는지 한 번 보자'고 하는 사람이 한둘이 아니었죠.

박태준은 한동안 회사의 문제점을 꼼꼼히 살폈어요. 그리고 박정희를 찾아가 이렇게 말했습니다.

"각하! 대한중석의 가장 큰 문제는 부정부패로 인한 부실경영입니다. 그리고 내부에 파벌이 있어 조직을 장악하기가 만만치 않습니다. 이걸 해결하려면 그 누구도 회사 경영에 간섭하지 않도록 해주십시오."

"알았어. 한 번 해봐!"

박정희는 '그 누구도'에 자신도 포함되어 있다는 걸 알고 있었지만, 박태준을 믿고 맡겼어요. 박태준의 어깨는 더 무거워졌습니다. 이렇게까지 전폭적인 지원을 받는데도 실패하면, 그 실패의 책임은 오롯이 자신이 져야 하기 때문이었죠.

박태준은 대한중석의 문제가 사람에서 시작된다고 보았어요. 그래서 직원들에게 이렇게 선언했습니다.

"유능하고 성실한 직원을 중요한 직책에 근무시키고, 진급도 빨리 시킬 겁니다. 진급 청탁과 승진 청탁이 오면 처벌할 테니 이점 꼭 명심해 주세요."

돈이 오가는 회계와 재정을 정확히 알아야 적자를 해결할 수 있다고 생각한 박태준은 특별한 인재를 찾았어요. 미국 유학까지 다녀온 육사 출신의 경리장교 황경노와 노중열을 뽑았습니다.

황경노는 미국 기업들이 쓰는 최신 예산관리 방법을 도입했어요. 덕분에 지금까지의 주먹구구식 예산관리가 한 번에 바뀌었고, 돈이 새나가는 구멍도 찾아 막을 수 있었답니다. 또 그는 실무자

급의 유능한 인재를 박태준에게 추천해서 데려왔어요.

이후 불투명했던 예산과 재정이 투명하게 보이면서 돈이 새나가는 구멍을 찾아 막을 수 있었습니다.

어느 날 청와대의 고위인사가 어떤 직원의 진급을 부탁해 왔어요. 하지만 박태준은 그 직원을 오히려 사직 처리해 버렸죠. 그 고위인사가 강하게 항의하자 박태준은 이렇게 말했어요.

"청탁을 말려야 할 사람이 청탁을 하면 되겠습니까?"

이에 대한 소문이 퍼지면서 청탁은 사그라들었습니다.

인사와 회계를 개혁한 박태준은 이제 텅스텐 광산으로 달려갔어요. 현장을 직접 보고 개선하기 위해서였죠.

박태준은 먼저 효율적인 관리 방법을 도입했어요. 매장량, 채굴량, 수출량 등을 한눈에 볼

1959년 강원도에 위치한 대한중석 화학처리 공장의 모습
출처 : 한국정책방송원

수 있게 만들었죠. 생산관리 부서도 서울 본사에서 광산 현장으로 옮겼어요. 이를 거부하는 직원은 과감히 내보냈습니다.

다음은 직원 복지였습니다. 매일 위험한 작업을 하는 광부들을 위해 휴식 공간을 만들었어요. 기숙사와 사택도 새로 지었고요. 회사가 운영하는 병원과 학교도 최신식으로 바꾸고, 임금을 많이 올려 실력 있는 의사와 선생님들을 모셔왔답니다.

박태준은 1년 동안 폭풍처럼 대한중석을 바꿔나갔어요. 투명한 인사관리와 회계 관리, 선진경영기법 적용, 현장 경영, 직원 복지 개선으로 만성 적자에 허덕이던 회사를 1년 만에 흑자로 변화시켰습니다.

맨땅에서 시작한 제철 신화

박정희는 산업 발전의 핵심인 제철소철강을 생산하기 위해 철을 제련하는 공장을 짓고 싶었어요. 하지만 철을 만드는 기술은 선진국들만 가지고 있는 최첨단 기술이었죠. 한국은 제철소를 지을 돈은 물론이고 기술도, 경험도 없었습니다.

정부 고위관료들과 여당조차 제철소 건설을 반대했어요. '가발이나 수출하는 우리나라가 할 수 있는 일이 아니다'라고 말했죠. 야당에서도 고속도로와 제철소 건설은 실현 불가능한 꿈이라며 비판했습니다. 박정희는 깊은 고민에 빠졌습니다.

'이 일을 누구에게 맡길 것인가?'

대한중석이 흑자로 바뀌는 과정을 조용히 지켜보던 박정희는 박태준을 불렀어요.

"산업화에 성공하려면 고속도로와 제철소가 필수야. 고속도로는 내가 맡을 테니까 자네는 제철소를 맡아. 고속도로와 제철소가 성공적으로 건설되면 우리도 공업국가의 꿈을 이룰 수 있어. 이건 아무나 할 수 있는 일이 아니야. 어떤 고통을 당해도 국가와 민족을 위해 자기 한 몸 희생할 수 있는 인물만이 이 일을 할 수 있어. 아무 소리 말고 맡아."

1968년 4월 1일, 포스코가 문을 열었어요. 박태준이 초대 사장이 되었죠. 39명의 창업멤버 중에서 제철소를 실제로 본 사람은 박태준뿐이었다고 해요.

회사의 형태를 두고 박태준과 박정희는 진지한 토론을 벌였어요.

"일본도 제철소 짓고 30년 동안 적자였어. 국영기업으로 해야 적자가 나도 세금으로 운영할 거 아닌가? 그래야 자네도 마음이 편하지."

하지만 박태준의 생각은 달랐어요.

"각하! 회사가 국영기업이 되면 인사 관리와 중요한 결정도 정부에서 다합니다. 기업은 신속하고 투명해야 살아남습니다. 그리고 국영기업의 직원들은 공무원과 같아서 경영의 효율성과 내 회사라는 책임의식이 떨어집니다."

박정희는 박태준의 의견이 옳다고 판단했어요. 그래서 정부가 가장 많은 주식을 가지되, 회사 운영은 독립적으로 하는 방식을 택했습니다. 이후 포스코는 정부로부터 독립적으로 운영되었기 때문에 정치적 간섭을 덜 받을 수 있었고, 세계 최고의 기업으로 성장할 수 있었어요. 탁월한 결정이었던 셈입니다.

현재 한국의 대부분 국영기업을 보면 막대한 부채와 적자에 시달리고 있어요. 국민 세금이 투입되지 않으면 벌써 망했을 기업이 수두룩하죠. 박태준은 대한중석을 운영하면서 국영기업의 문제점을 누구보다 잘 알고 있었던 것입니다.

조상의 핏값으로 지은 제철소

박태준이 가장 시급히 해결해야 할 문제는 돈을 구하는 것이었어요. 1968년 당시 한국의 전체 예산은 2,214억 원이었는데, 제철소 건설 비용은 1억 달러였죠. 당연히 국가 예산을 제철소에 투입하는 것은 불가능했습니다.

정부가 열심히 뛰어다닌 결과 마침내 미국, 영국, 독일 등으로 구성된 KISA대한국제제철차관단가 만들어졌지만, 그들은 쉽게 돈을 빌려주려 하지 않았어요.

그러던 중, 1969년 세계은행IBRD에서 절망적인 보고서를 발표했습니다.

브라질, 터키, 멕시코, 베네수엘라 등 한국보다 경제적 여건이 좋은 국가들도 종합제철소 건립에 모두 실패했다. 한국의 종합제철소 건설은 타당성이 없고, 경제성이 의심되므로 종합제철소 건설을 연기하고, 노동 및 기술 집약적인 기계공업 개발을 우선해야 한다.

이 보고서가 나오자 KISA는 돈을 빌려주기로 한 약속을 취소해 버렸어요.

그 소식을 들은 박태준은 등줄기에 식은땀이 흘렀습니다. 이미 제철소가 들어설 영일만의 주민들과 수녀원을 모두 이주시켰고, 한일은행현재 우리은행에서 20억 원이나 빌려 공장 부지 옆 20만 평을 사들였거든요. 거기에 직원 수천 명이 살 주택단지와 병원, 학교도 짓고 있었답니다.

이 모든 것은 제철소가 건설된다는 가정하에 박태준이 벌여 놓은 일이었어요. 만약 제철소가 건설되지 않는다면 모든 책임을 져야 했죠. 특히 정치권은 '아직 제철소도 짓지 않았는데, 직원 주택부터 왜 짓냐?'라며 거세게 비판했습니다.

박태준은 마지막이라는 심정으로 KISA를 이끄는 포이 회장을 만나러 미국으로 떠났어요. 하지만 포이의 대답은 냉정했어요.

"당신의 애국심을 존중하지만, 경제성이 없는 한국의 제철소에는 투자할 수 없습니다."

심장을 짓누르는 압박감과 상실감을 가득 안고 귀국길에 오른 박태준은 하와이에 잠시 들렀어요. '하늘이 무너져도 솟아날 구멍이 있다'고 되뇌며 모든 가능성을 생각하던 중 번뜩 좋은 생각이 떠올랐습니다.

"대일청구권자금, 바로 그거야!"

일본은 한국의 식민지 피해를 보상하기 위해 1966년부터 3억 달러의 무상자금과 2억 달러의 유상자금을 지급하고 있었어요. 그중 무상자금은 1억 달러 정도 남아 있는 상태였죠. 무상자금은 순수한 피해보상금이고, 유상자금은 이자를 받고 돈을 빌려주는 것이었습니다.

박태준은 곧바로 박정희 대통령에게 전화를 걸어 상황을 설명했고, 승낙을 받아냈어요.

그러나 문제는 일본이었습니다. 일본은 대일청구권자금을 '농업과 어업'에만 사용해야 한다고 계약서에 써놓았거든요. 박태준은 곧바로 일본으로 날아가 일본 정·재계의 실력자 야스오카를 찾아갔습니다.

야스오카는 다행히 한국에 대한 애정이 많은 사람이었어요. 유학 이론의 하나인 양명학의 대가로서 퇴계 이황을 존경했기 때문이죠. 그는 자기 일처럼 열심히 일본 정치인들을 설득했습니다.

마침내 좋은 소식이 전해졌어요. 1억 2천만 달러를 제철소 건설에 쓸 수 있게 된 데다, 일본으로부터 기술까지 전수받기로 한 거예요.

한국으로 돌아온 박태준은 영일만 모래밭에 모든 직원을 모았어요. 그리고 비장한 목소리로 말했습니다.

"제철소는 우리 조상들의 핏값으로 짓는 것입니다. 실패하면 조상에게 씻을 수 없는 죄를 짓는 겁니다. 우리는 목숨을 걸고 제철소를 꼭 성공시켜야 합니다. 실패하면 모두 우향우해서 저 영일만 바다에 빠져 죽읍시다!"

대통령의 종이 마패

1970년 4월 1일, 드디어 포스코 건설 착공식이 열렸어요. 하지

1970년 4월 1일, 3년 4개월 뒤 완공을 목표로
포항제철(오늘날 포스코)의 공사가 시작되었습니다.
▶ 오른쪽 QR코드를 스캔하면 당시 대한뉴스 영상을 볼 수 있습니다.

만 시작부터 큰 문제가 있었답니다. 여기저기서 청탁이 쏟아진 거
예요.

"내가 아는 사람을 직원으로 뽑고, 진급시켜 주세요."

"나와 친한 회사에서 설비를 좀 구입해 주세요."

브라질과 터키가 제철소를 만드는 데 실패한 가장 큰 이유가
부정부패였다는 걸 알고 있던 박태준은 박정희를 찾아갔습니다.

"여기저기서 청탁이 들어오고, 설비 구매 절차에도 문제가 많
습니다."

"자네가 필요한 것을 여기 메모지에 적어 봐."

박태준은 고민 끝에 메모지에 두 가지를 적었어요.

- 포스코가 직접 일본 회사와 협력해 공급업체를 선정한다
- 필요할 경우 구매 절차를 간소화하고, 정부는 이를 보증해 준다

이렇게 하면 정부와 정치인들의 간섭을 막을 수 있고, 각종 청탁도 제도적으로 차단할 수 있었죠.

박정희는 메모지를 읽은 후 메모지 왼쪽 위에 날짜를 쓰고 직접 서명했어요.

"이제 힘들 때마다 나를 찾아올 필요가 없네. 앞으로 이걸 보여 주면서 소신대로 밀고 나가!"

옛날 조선시대에 공무원들이 마패조선시대 관리들이 공무 수행 시 사용하던 일종의 신분증를 가지고 있으면 어디서든 말을 빌릴 수 있었듯이, 이 메모지는 박태준의 '종이 마패'가 되었어요. 이 한 장의 종이로 모든 간섭과 청탁을 단번에 물리칠 수 있었답니다.

사막의 여우, 모래밭에서 철을 꿈꾸다

단군 이래 최대의 공사가 영일만의 389만 평 모래밭에서 시작됐어요. 같은 시기에 지어진 경부고속도로도 대단했지만, 제철소는 그보다 3배나 많은 예산이 드는 역사상 최대 규모의 공사였습니다.

그 허허벌판에 건물이 딱 하나 있었는데, 직원들은 이곳을 '롬멜하우스'라고 불렀어요. 2차 세계대전 때 사하라 사막을 누비며 '사막의 여우'로 불린 독일의 롬멜 장군처럼, 박태준이 이곳에서 건설을 지휘한다는 뜻이었죠. 숙소도 없어 박태준과 직원들은 2층 사무실 책상 위에서 잠을 자며 강행군을 이어갔어요.

포스코는 처음부터 종합제철소를 목표로 했어요. 종합제철소는 철을 만드는 모든 과정을 한곳에서 할 수 있는 공장이에요.

- **제선** 철광석과 유연탄을 110미터 높이의 용광로에서 녹여 쇳물을 만듭니다
- **제강** 쇳물에서 불순물을 제거합니다
- **압연** 쇳물에 압력을 가해 철판을 원하는 두께로 만듭니다

당시 이런 종합제철소를 가진 나라는 10개국도 안 될 만큼, 당시로서는 최첨단 기술이 필요했어요.

박태준이 가장 중요하게 생각한 것은 '부실시공 없는 완벽한 공사'와 '3년 뒤에 공사를 완료'하는 것이었습니다. 하지만 이건 정말 어려운 도전이었어요. 22개의 거대한 공장을 한꺼번에 짓는데다, 고로 하나만 해도 35층 빌딩 높이110미터였거든요!

그런데 압연을 하는 열연공장 건설이 3개월 정도 늦어지고 있었어요. 이대로 가다간 수십억 원의 피해가 날 판이었죠. 박태준은 '열연비상'을 선포하고, 이렇게 지시했어요.

"지금 우리는 죽느냐, 사느냐 그 갈림길에 서 있다. 공사가 끝날 때까지 하루에 콘크리트 700입방미터를 타설건물을 지을 때 거푸집에 콘크리트를 붓는 작업하라!"

직원들은 앞에선 "네!"라고 했지만, 속으론 '불가능'하다고 생각했어요. 지금까지 하루 최고 기록이 300입방미터였는데, 갑자기 두 배나 더 하라니 말이 안 되는 것 같았죠.

하지만 박태준은 전쟁터의 장군처럼 철저한 작전을 짰어요.

우선 24시간 작업을 위해 작업팀을 편성하고, 부장과 차장을 팀장으로 임명해 서로 경쟁하게끔 만들었습니다. 목표를 달성하지 못하면 진급에서 누락시킨다고 경고하기도 했죠.

서울 본사에서 행정업무를 하는 직원도 예외 없이 모두 현장으로 불려 왔어요. 무슨 일을 할 수 있길래 불렀냐고요? 그들은 콘크리트 차량의 운전사 옆에 앉아서 졸음운전을 감시했답니다.

바람이 많이 부는 날이면 모래바람 때문에 눈을 뜰 수조차 없었지만, 시멘트 포대 자루를 뒤집어쓰고 눈구멍만 뚫어서 작업을 이어나갔습니다.

박태준도 작업모를 쓰고 하루 세 시간도 못 자면서 밤낮으로 현장을 누볐어요. 그의 열정은 현장의 모든 사람에게 전염되었고, '할 수 있다!'는 의지를 불러일으켰어요. 결국 두 달 만에 5개월 치 공사를 끝내 버렸습니다.

부실공사는 곧 적대행위다!

제철소는 무거운 기계와 뜨거운 쇳물을 다루는 곳이라 튼튼해야 해요. 그래서 건물을 지을 때 거대한 쇠기둥을 30미터나 땅속 깊이 박아 기초를 다졌죠. 마치 운동장에 박혀있는 축구 골대처럼요. 이 쇠기둥들이 건물 전체를 떠받치는 기둥 역할을 하는 거예요.

1973년
완공된 포항제철소의 전경
출처 : 한국정책방송원

어느 날 현장을 점검하던 박태준이 이상한 점을 발견했어요.
땅속에 박은 쇠기둥 하나가 똑바로 서 있지 않고 살짝 기울어 있
었거든요. 불도저로 살짝만 밀어봤는데, 그 거대한 쇠기둥이 마치
종이처럼 쓰러져 버렸어요.

"책임자 나와!"

박태준의 얼굴이 붉으락푸르락했어요. 그가 소리쳤어요.

"조상들의 핏값인데 이따위로 부실공사를 해? 부실공사는 곧
적대 행위야! 쇳물이 잘못 쏟아지면 바로 우리 동료가 죽거나 다
쳐!"[39]

이후 박태준은 일본 회사 책임자를 불러 일본말로 욕설을 퍼
부었습니다.

"이 나쁜 놈아, 너희 나라 공사도 이런 식으로 감독하나! 우리가 어떤 각오로 제철소를 짓고 있는지 몰라!"[40]

박태준은 일본인 감독자의 안전모를 지휘봉으로 세게 내려쳤고, 그는 무릎을 꿇고 잘못을 빌었습니다.

'인격을 두고 출근한다'고 할 정도로 안전에 엄격했던 박태준. 이런 일들이 소문나면서 작업자들은 더욱 조심스럽게 일했어요.

어느 날은 90미터 높이의 공장 지붕에 직접 올라가 점검하다가 어른 주먹만 한 대형 볼트에 문제가 있는 걸 발견했어요.

"대형 볼트가 몇 개인가?"

"24만 개입니다."

"당장 전부 다 점검해! 불량품은 흰색 분필로 표시하고!"

결국 400개 정도의 불량 볼트가 발견되어 모두 교체됐어요.

80미터 콘크리트를 폭파한 사연

1977년, 포스코는 3단계 건설공사가 한창이었어요. 직원들은 철을 만들면서 동시에 새 공장도 짓느라 정신이 없었죠.

어느 날 박태준이 현장을 점검하다 25층 빌딩 높이의 콘크리트 건물 앞에서 멈췄습니다. 이제 6층 정도만 더 올리면 완성인데, 뭔가 이상했어요. 볼트가 제대로 조여있지 않은 게 보였죠.

박태준은 즉시 현장소장과 일본인 감독자를 불러 꼼꼼히 살펴보기 시작했어요. 그런데 거푸집을 벗겨낸 콘크리트 표면이 울퉁불퉁한 거예요!

"이거, 어떻게 할거야? 대책이 뭐야?"

"문제가 있는 부분만 다시 시공하겠습니다."

"안 돼! 그러면 콘크리트가 굳는 시기가 달라져서 금이 가고 약해질 수 있어. 나중에 무너질 수도 있다고! 당장 폭파해!"

"네?"

직원들은 믿기지 않는 마음이었지만, 지시대로 콘크리트 곳곳에 구멍을 뚫어 다이너마이트를 설치했어요. 다음 날, 박태준은 모든 직원을 불러 모아 그 광경을 보게 했습니다.

'쾅!'

25층 높이의 건물이 순식간에 무너져 내렸어요. 그 순간 직원들의 마음속에 있던 '대충대충, 빨리빨리'라는 나쁜 습관도 함께 사라졌습니다.

부실공사는 대형사고로 이어지기 때문에 박태준은 안전만큼은 한 치의 타협도 하지 않았어요. 그래서 포스코는 공사 기간은 물론, 완공 후에도 단 한 번의 큰 사고 없이 운영될 수 있었습니다.

한국인의 손으로 만든 첫 쇳물

1973년 6월 8일, 드디어 기다리던 순간이 왔어요. 고로에 처음 불씨를 넣는 화입식고로에 불을 넣는 것이었죠. 원래는 경험 많은 일본 기술자들이 첫 가동을 하기로 되어 있었어요. 하지만 박태준은 신일본제철의 이나야마 회장에게 특별히 부탁했어요.

"우리 한국인의 손으로 첫 가동을 할 수 있게 해 주십시오."

이나야마 회장은 박태준의 간절한 마음을 알아주었어요. 드디어 철광석과 유연탄을 가득 채운 고로에 박태준이 직접 불씨를 넣었죠. 화입식을 마친 뒤, 모두가 고로 앞에서 경건한 마음으로 절을 올렸습니다.

그날 밤, 걱정과 설렘으로 아무도 잠을 이루지 못했어요.

'과연 쇳물이 잘 나올까?'

밤을 지새우며 출선용광로에서 쇳물을 뽑아내는 일을 기다렸습니다.

1973년 6월 9일 오전 7시 30분.

'쿠쿠쿵, 쾅!'

엄청난 소리와 함께 잠시 정적이 흘렀어요. 곧이어 용암처럼 빨갛게 달아오른 쇳물이 콸콸 쏟아져 나왔습니다! 박태준과 직원들은 눈물을 흘리며 만세를 외쳤습니다. 그 자리에 있던 여상환 후에 부사장이 됨은 그날을 이렇게 기억했어요.

"무슨 감격이고 뭐고 아무 생각이 안 났어요. 그저 저절로 만세가 나왔고 눈물이 났죠. 정신이 멍했어요. 그저 '이뤄냈구나' 이거 하나밖엔 없더라고…"[41]

잠깐!

고로(용광로)란?

거대한 쇠로 만든 용광로예요. 철광석과 유연탄을 녹여 쇳물을 만드는 곳이죠. 한번 가동하면 멈추지 않고 계속 운영되는, 제철소의 심장과도 같은 존재입니다.

© DedMityay, shutterstock

이날 터져 나온 첫 쇳물은 단순한 철이 아니었습니다. 농업국가에서 공업국가로 도약하려는 한국인의 간절한 꿈이 담긴 것이었어요.

박태준은 이 첫 번째 고로를 특별한 이름으로 불렀어요. 바로 '민족고로'였답니다. 우리 민족의 힘과 기술로 만들어낸 자랑스러운 고로라는 뜻이었죠.

포스코는 이날을 이렇게 기록하고 있습니다.

모래바람도, 쏟아지는 잠도, 종합제철소를 향한 열정을 꺾지 못했습니다. '우향우 정신'으로 무장한 철인들에게 불가능이란 없었습니다. 감격의 첫 출선. 철인들의 땀방울은 뜨거운 쇳물이 되어 흘렀습니다. 또 다른 역사를 위해 다시 일어선 철인들은 집념으로 시련을 이겨냈습니다.[42]

그로부터 1년 후, 포스코는 수출 1억 달러를 달성하였습니다.

중국에는 박태준이 없지 않습니까?

포스코는 눈부신 성장을 이어갔어요. 1976년 2기 공사를 시작으로 1992년 광양 4기 공장까지1978년 3기 공장, 1981년 4기 공장, 1987년 광양 1기 공장, 1988년 광양 2기 공장, 1990년 광양 3기 공장, 박태준은 25년 동안 쉼 없이 달렸답니다. 마치 도미노처럼 하나씩 공장이 늘어날 때마다 포스코의 힘도 커져갔죠.

그 결과 세계적인 철강 분석기관 〈WSDWorld Steel Dynamics〉는 포스코를 무려 14년 연속으로 '세계에서 가장 경쟁력 있는 철강회사' 1위로 뽑았어요. 2012년에는 박태준이 '철강 명예의 전당'에 올랐답니다.

미국의 철강왕 카네기는 35년 동안 연간 1천만 톤을 만드는 제철소를 지었어요. 하지만 박태준은 더 대단했죠. 자본도, 기술도, 경험도 없었지만 25년 만에 연간 2,100만 톤을 만드는 제철소를 완성했거든요! 카네기보다 더 짧은 시간에, 두 배가 넘는 철을 만들어낸 거예요.

1978년 중국의 최고지도자 등소평이 일본의 기미츠 제철소를

포항 구 삼화제철소 고로.
포항제철이 건립되기 전까지는
일본 고레가와제철이
삼척에 설치한 이 용광로에서
하루 20톤, 연간 8천 톤
정도의 철을 생산하는 데
그쳤어요.
(고레가와제철은 광복 후
삼화제철소로 이름이
바뀌었습니다.)
우리나라에서 가장 오래된
이 고로는 포스코역사관 야외
전시장에서 볼 수 있습니다.
출처 : 국가유산포털

방문해 이나야마 회장에게 이렇게 말했습니다.

"중국에도 포항제철과 같은 제철소를 지어 주십시오."

이나야마 회장이 대답했습니다.

"그건 불가능합니다. 중국에는 박태준이 없지 않습니까?"

이렇게 박태준은 한국의 진정한 '아이언맨'이었답니다.

제철보국, 교육보국

박태준에게는 두 가지 큰 꿈이 있었어요. 하나는 '철을 생산해 조국에 보답한다'는 제철보국製鐵報國이었고, 다른 하나는 '교육으로 인재를 양성해 조국에 보답한다'는 교육보국敎育報國이었습니다.

1970년, 뜻밖의 기회가 찾아왔어요. 포스코가 비싼 설비들을 살 때 의무적으로 들어야 했던 보험 때문이었죠. 설비 보험을 들어주면 보험회사에서 감사의 뜻으로 6천만 원을 돌려주겠다는 거였어요.

박태준은 이 일을 박정희에게 보고했어요.

"필요한 곳에 쓰도록 하게."

대통령의 허락을 받은 박태준은 오랜 고민 끝에 결심을 했어요. 바로 교육 재단을 만들기로 한 거죠. 그는 '재단법인 제철장학회'를 만들었습니다.

제철장학회의 이름으로 시작된 씨앗은 점점 자라났어요. 먼저 직원들의 아이들을 위해 유치원을 세웠고, 차근차근 초등학교, 중학교, 고등학교를 지어나갔죠. 결국 15개나 되는 학교를 세워 많은 인재들을 키워냈습니다.

1985년, 박태준은 새로운 도전을 시작했어요. 포항공과대학교
포스텍를 만들기 위해 세계의 유명 공과대학들을 직접 찾아다닌 거
예요. 스위스, 독일, 미국의 유명 대학들을 둘러보던 중 마지막으
로 방문한 미국의 칼텍이 가장 마음에 들었어요. 기업과 대학이
함께 연구하는 모습이 인상적이었거든요.

이제 특별한 총장을 찾아야 했어요. 전 세계 교수들을 살펴보
다 김호길 교수를 발견했죠. 그는 미국 메릴랜드대학교에서 물리
학을 가르치는 세계적인 과학자였어요.

김호길 교수는 박태준에게 당당하게 말했어요.

"제가 만약 포항공대 총장이 되면 대학교 운영과 교수 채용은
저에게 모든 권한을 주셔야 합니다. 지금은 포항제철의 대학으로
시작하겠지만, 나중에는 포항공대가 포항제철을 이끄는 대학으로
만들겠습니다."

이 말을 들은 박태준은 김호길이 적임자라고 생각했어요. 총장
이 된 김호길은 전 세계를 돌며 뛰어난 교수들을 모았고, 직접 고
등학교를 찾아다니며 우수한 학생들을 모았습니다.

그 사이 포스코는 3천억 원어치의 주식을 내놓아 학교를 세웠어요. 이 주식들은 시간이 지나면서 가치가 크게 올라 지금은 1조 원이 넘는 돈이 되었죠.

오늘날 포스텍은 세계적인 대학이 되었어요. 2019년에는 로이터 통신이 평가한 '세계에서 가장 혁신적인 대학'에서 아시아 1위, 세계 12위에 올랐고, 매년 세계 100대 대학에 이름을 올리고 있습니다영국의 대학평가 기관인 QS순위 기준. 최근 새로운 명문 대학교로 떠오르는 싱가포르 난양공대는 포스텍을 모델로 설립되었답니다!

이렇게 박태준은 두 가지 큰 꿈을 모두 이뤘습니다. 세계 최고의 철강회사도 만들고, 세계적인 대학도 세운 거죠. '철을 만들어 나라에 보답하고, 교육으로 나라에 보답한다'는 그의 꿈이 현실이 된 것입니다.

25년 만에 올린 최종보고

1979년 10월 26일, 박정희가 서거했습니다. 박태준은 큰 걱정에 빠졌어요. 포스코는 주식회사이지만 최대주주는 정부였죠. 대통령이 바뀌면 회사도 큰 영향을 받을 수밖에 없었습니다.

'아직 포스코를 완성하지 못했는데….'

박태준은 고민 끝에 정치인이 되기로 했어요. 스스로 나서서 포스코를 지켜야겠다고 생각한 거죠. 그는 국회의원이 되어서도 포스코 회장직을 계속 맡아 회사의 싱징을 이끌었습니다.

마침내 1992년 10월, 광양 4기 공장이 완성되면서 25년간의 대장정이 끝났어요. 공장 건설이 끝난 그날, 박태준은 포스코 회장직을 사퇴했습니다.

그리고 다음날, 박태준은 국립현충원에 있는 박정희 대통령의 묘소를 찾았어요.

"각하! 박태준, 각하의 명을 받은 지 25년 만에 포항제철 건설의 대역사를 성공적으로 완수하고 삼가 각하의 영전에 보고를 드립니다."

자본도, 기술도, 경험도 없는 불모지에서 용광로 구경조차 해본 일이 없는 39명의 창업요원을 이끌고 포항의 모래사장을 밟았을 때는 각하가 원망스럽기만 했습니다.

자본과 기술을 독점한 선진 철강국의 냉대 속에서 국력의 한계를 절감하고 한숨짓기도 했습니다.

··· 그러나 저희는 '철강입국'의 유지를 받들어 흔들림 없이 오늘까지 일해 왔습니다. 그 결과 포항제철은 세계 3위1991년 당시의 거대 철강 기업으로 성장하였습니다.

일찍이 각하께서 분부하셨고, 또 다짐드린 대로 저는 이제 대임을 성공적으로 마쳤습니다.[43]

이렇게 박태준은 25년 동안 한 번도 잊지 않았던 약속을 지켰습니다.

박태준의 위대한 유산

1964년 새해 첫날, 박정희 대통령이 박태준을 불렀어요.

"자네는 집도 없다고 하더군. 내가 부려먹기만 해서 애들 엄마한테 미안하게 됐네."

그러면서 봉투를 건넸죠.

이 이야기에는 숨은 사연이 있어요. 박태준의 딸이 태어났을 때 영부인인 육영수 여사가 축하 인사를 하러 갔다가 가난하게 사는 모습을 보고 박정희에게 알렸던 거죠.

결혼한 뒤 10년 동안 15번이나 이사를 다녔던 박태준은 이 돈으로 북아현동에 집을 샀어요. 36년을 살았던 이 집을 박태준은 죽기 전에 팔아 모두 기부했답니다. 박정희 대통령이 준 돈만큼은 꼭 사회에 돌려주고 싶었던 거예요.

1988년, 포스코가 주식을 팔기 시작했을 때도 마찬가지였어요. 직원 1만 9천 명에게 주식의 10퍼센트를 나눠줄 때도 회장이었던 박태준은 단 한 주도 갖지 않았죠.

말년에는 딸의 집에서 살면서 자녀들에게 용돈을 받아 생활했어요. 2011년, 세상을 떠날 때 가족에게는 한 푼도 남기지 않았지만, 우리나라에는 세계 최고의 철강회사 포스코를 남겼습니다.

프랑스 미테랑 대통령은 박태준의 일생을 이렇게 평가했습니다.

"한국이 군대를 필요로 했을 때 군인이 되었고, 기업인을 찾았을 때 철강업계 세계 최고의 기업인이 되었으며, 한국이 미래의 비전을 필요로 할 때 정치인이 되었던 사람, 그가 바로 박태준이다."

타임라인 인물사

세계사	한국사	박태준 1927-2011

제1차 세계대전
1914-1918

일제강점기
1910-1945

3.1운동

1927 ○── 출생

1933 ○── 일본으로 이주

제2차 세계대전
1939-1945

해방 ──── **1945** 가족과 함께 귀국

냉전 시작 대한민국정부 수립 **1947** **1948**

포항제철
준공식 전경
출처 : 국가기록원

한국전쟁
1950-1953

1953 ○── 전쟁 중 중령으로 진급,
2개의 무공훈장을 받음

5·16 군사정변 ──── **1961** ○── 국가재건최고회의 의장
비서실장 임명

1963 ○── 대한중석 사장 취임

'포스코'(포항종합제철) 창업,
초대 사장으로 취임

1968 ○──

경부고속도로 개통 ──── **1970** ○── 포항제철소 건설 착공

제1차 오일쇼크
1973-1974

1973 ○── 포항제철, 첫 쇳물 출하

박정희 서거

제2차 오일쇼크
1979-1981

1979 ○── 정치 입문

1985 ○── 포항공과대학교(포스텍) 설립 시작,
이듬해 12월 개교

베를린 장벽
붕괴, 냉전 종식

88서울 올림픽 **1988** **1989**

1992 ○── 포스코 광양 4기 공장 완공

IMF 외환위기 ──── **1997**

2000 ○── 포스코 회장에서 물러남,
32대 국무총리에 임명

한일 월드컵 ──── **2002**

세계 금융위기 ──── **2008**

2011 ○── 별세

인생과 성공, 기업가정신에 관한
박태준의 지혜

자원은 유한하지만, 창의는 무한하다.

사람은 미치광이라는 말을 들을 정도가 아니면 아무것도
이룰 수 없다.

무언가를 이루려면 10년은 걸리기 마련이다. 몇 밤이고
진지하게 10년 후의 청사진을 그려보라.

인생은 집을 짓는 것과 같아서 청사진이 나와야 주춧돌을
놓을 수 있다.

기필코 해야 할 일이라면 가지고 있는 유일한 것, 목숨과
인생을 걸어라.

주변을 늘 깨끗이 청소하라. 이것은 작은 일 같지만 기업
의 사고방식에 막대한 영향을 준다.

폭풍처럼 몰아친 세계경영

1983년 스웨덴 스톡홀름에서 특별한 시상식이 열렸어요. 바로 '경영의 노벨상'이라 불리는 '국제기업인상' 시상식이었죠. 이 상은 2년에 한 번, 단 한 명에게만 주어져서 노벨상보다 더 받기 어렵다고 해요.

행사장에는 세계 유명 기업의 CEO최고경영자 1,500명이 모여 있었습니다. 시상식을 주관하는 구스타브 스웨덴 국왕이 들어오자 모두 조용해졌어요. 곧이어 사회자가 수상자를 외쳤습니다.

"대우그룹 김우중 회장!"

구스타브 국왕은 미소를 지으며 김우중의 목에 황금메달을 걸어주었어요. 아시아 사람으로는 처음 받는 상이었죠. 전 세계 사람들이 김우중을 '경영의 신'으로 인정하는 순간이었습니다.

김우중은 유럽과 아시아를 건너 아프리카 깊숙한 곳까지, 사람이 사는 곳이라면 어디든 달려갔어요. 그리고 그곳에 대우의 깃발을 꽂았죠.

우즈베키스탄의 대통령은 김우중을 특별한 이름으로 불렀어

요. '김기즈칸'이라고요. 옛날 칭기즈칸이 말을 타고 가장 넓은 영
토를 정복했던 것처럼, 김우중도 전 세계에 경제 영토를 넓혔다는
뜻이었어요.

하지만 둘은 달랐어요. 칭기즈칸이 가는 곳마다 모든 것을 부
쉈다면, 김우중은 가는 곳마다 경제를 살리고 일자리를 만들었으
니까요.

태양에 녹아버린 이카루스의 날개

김우중은 한반도의 작은 땅에서 태어났지만, 그의 경제 영토
는 전 세계로 뻗어갔습니다. 1967년, 대우를 세운 후 30년이 넘는
시간 동안, 그는 1년에 250일 이상을 해외에서 보냈다고 해요.

김우중이 가보지 않은 곳은 없었어요. 그가 눈여겨본 모든 것
은 수출품이 되었죠. 미국 대통령부터 아프리카의 독재자까지, 만
나는 모든 사람을 친구로 만들었습니다.

이런 노력 덕분에 1998년, 대우는 엄청난 회사로 성장했습니
다. 21개 나라에 600개가 넘는 공장과 지사를 가진 거대 기업으
로 성장했죠. 해외에서 일하는 직원만 25만 명이었어요.

- 한국 수출의 14%를 차지하는 수출 1위 기업

- 91조 원의 매출로 한국 2위 기업

- 세계 500대 기업 중 18위

이처럼 당시 대우는 정말 대단했어요. 곧 세계 10대 기업에 들어갈 것만 같았죠. 당시 전문가들은 말했어요.

"전 세계가 대우를 두려워할 정도로, 대우는 속전속결로 전 세계를 장악하고 있다."[45]

그러나 1999년, 믿기 어려운 일이 일어났습니다. 대우는 한국 역사상 가장 큰 회사 파산을 맞이했어요. 41개 계열사들이 순식간에 무너진 것이죠. 김우중이 태양을 향해 날아가던 꿈도 함께 사라졌습니다.

하지만 지금도 김우중과 대우라는 이름은 우리 기억 속에 남아 있습니다. 김우중은 한국인 최초로 '세계 경영'이라는 큰 꿈을 꾸었어요. 비록 그 꿈은 이루지 못했지만, 실패했다고 해서 그 도전이 의미 없어지는 것은 아니에요. 그의 도전은 많은 사람에게 영감을 주었죠.

위대한 꿈을 꾸었던 김우중의 삶은 어떠했을까요?

신문팔이 소년의 차이나는 전략

6·25 전쟁이 터지자 북한군이 서울로 쳐들어왔습니다. 많은 사람이 북한으로 끌려갔는데, 김우중의 아버지 김용하와 둘째 형도 그중 한 명이었어요. 김우중의 아버지는 대구사범학교 교장을 거쳐 서울대학교 교수와 제주도지사까지 지낸 분이었습니다. 하지만 전쟁은 모든 걸 한순간에 바꿔 버렸죠.

아버지와 둘째 형이 끌려가고, 남은 형들도 군대에 가야 했어요. 집안 형편은 금세 어려워졌어요. 김우중의 나이는 고작 열네 살이었지만, 이제 그가 가족을 책임져야 했습니다.

그는 어머니와 동생들을 데리고 포격을 피해 대구로 피난을 떠났습니다.

피난지에서의 삶은 배고픔과의 전쟁이었어요. 하루 한 끼 밥 먹는 것조차 어려워지자, 김우중은 생활전선에 뛰어들었어요.

청소년도 할 수 있는 일을 찾던 그는 신문팔이를 시작했어요. 신문 100부를 팔면 식구들의 하루치 음식을 살 수 있었거든요. 하지만 신문을 팔지 못하면 가족은 굶어야 했죠.

김우중은 매일 방천시장에서 신문을 팔았어요. 그런데 비 오는 날이면 상인들이 일찍 문을 닫아서 신문을 팔지 못하고 빈손으로 집에 돌아와야 했습니다.

그런 날이면 집에는 불이 꺼져 있었어요. 동생들은 배고픔을 참고 잠들어 있었죠. 어머니는 김우중이 빈손으로 올 것을 알고 미리 동생들을 재웠던 거예요.

하지만 어머니는 종일 뛰어다닌 아들을 위해 밥 한 끼만큼은 어렵게 구해 아랫목에 남겨 두었어요.

"왔니? 우중아! 우리는 다 먹었으니까, 빨리 와서 밥 먹으렴."

"… 어머니! 저는 오다가 뭘 좀 사 먹어서 배가 불러요. 밥은 동생들 주세요."

어머니와 아들은 서로 거짓말을 하고 있다는 걸 알고 있었어요. 그날 밤 김우중은 배에서 나는 꼬르륵 소리를 애써 참으며 잠을 청했답니다.

신문팔이는 김우중에게 가족의 생명줄이었어요. 그는 신문을 필사적으로 팔았습니다. 보급소에서 신문 100부를 받으면, 무거운 신문을 들고 10킬로미터가 넘는 거리를 뛰어가서 매일 1등으로 방천시장에 도착했죠. 조금이라도 늦으면 다른 아이들이 먼저 신문을 팔아버렸거든요.

하지만 문제가 생겼어요. 늦게 온 아이들도 필사적으로 신문을 팔기 시작한 거예요. 경쟁이 치열해지면서 신문을 다 팔지 못하는 날이 생겼고, 가족은 굶을 수밖에 없었어요.

'1등으로 와도 소용없어. 다른 아이들보다 더 빨리 팔아야 해. 어떻게 하면 판매 속도를 높일 수 있을까?'

그러다 좋은 생각이 떠올랐어요.

'거스름돈을 주느라 시간이 걸리는구나. 미리 준비해 놓으면 더 빨리 팔 수 있겠다!'

다음 날, 김우중은 거스름돈을 미리 준비해서 주머니에 넣었어요. 그 덕분에 거스름돈을 주는 시간이 줄어들었고, 다른 아이들보다 먼저 신문을 모두 팔 수 있었습니다. 하지만 경쟁자들도 금세 이 방법을 따라 하기 시작했죠.

김우중은 또 다른 기발한 전략을 생각해 냈어요. 신문을 먼저 다 나눠주고, 돈은 나중에 받기로 한 거예요. 다른 아이들은 이 방법을 따라 할 수 없었어요. 만약 돈을 안 주는 사람이 있으면 손해를 볼까 봐 겁이 났거든요.

하지만 김우중은 달랐어요. '조금 손해를 보더라도 신문을 다

파는 게 더 이익이다'라는 걸 알고 있었죠. 결국 다른 아이들은 방천시장을 떠났습니다.

매일 무거운 신문을 들고 10킬로미터를 뛰어다닌 성실함, 그리고 남들이 생각지 못한 기발한 전략으로 김우중은 방천시장을 독차지했어요. 어린 김우중에게 신문팔이는 살아남기 위한 처절한 싸움이었지만, 그 경험은 큰 선물이 되었답니다. 상인의 감각과 강철 같은 체력을 얻었거든요.

해결사 인턴

길고 긴 전쟁이 끝나고, 김우중은 가족과 함께 서울로 돌아왔어요. 연세대학교 경제학과에 입학했지만, 학비가 걱정이었죠. 그때 먼 친척인 '한성실업'의 김용순 사장이 4년 동안 장학금을 지원해 주었습니다.

1960년, 대학을 졸업한 김우중은 여자친구가 있는 영국으로 유학을 가려고 했어요. 그런데 그 당시에는 여권을 받는 데만 1년이 걸렸답니다. 그때 김용순 사장님이 김우중을 불렀어요.

"우중아! 해외영업을 담당하던 직원이 6개월 정도 출장을 갔는데, 네가 영어를 할 줄 아니까 6개월만 아르바이트 좀 해라."

이렇게 김우중의 첫 직장 생활이 시작됐어요. 며칠 다니다 보니 비효율적인 것들이 보이기 시작했죠.

그 시절에는 컴퓨터도 복사기도 없었어요. 은행에 낼 서류를 매번 자로 그려서 만들어야 했죠. 은행에 갈 때마다 새로 만들다 보니 모양도 다르고 시간도 많이 걸렸습니다.

김우중은 이틀 동안 타자기로 공통 서류를 만들었어요. 이제 직원들은 숫자만 넣으면 되었죠. 시간이 훨씬 줄어들자 모두가 환호했답니다.

어느 날부터 직원들이 은행에 갔다가 너무 늦게 돌아오는 게 김우중의 눈에 띄었어요. 왜 그런지 궁금해서 직접 은행에 따라가 보았죠.

당시에는 컴퓨터가 없어서 모든 서류를 손으로 작성해야 했어요. 작은 실수만 있어도 은행 직원들이 다시 써오라고 했기 때문에 시간이 많이 걸렸습니다.

'이걸 해결할 방법이 없을까?'

고심 끝에 김우중은 해결책을 찾았어요.

'작은 실수는 은행 직원이 직접 고쳐줄 수 있잖아. 은행 직원과 친해지면 되겠다!'

그때부터 그는 자주 은행에 들렀어요. 직원들에게 반갑게 인사하고, 작은 선물도 가져다주었죠. 그 덕분에 한성실업의 서류는 항상 가장 빨리 처리되었어요.

결과적으로 은행 업무에 걸리는 시간이 크게 줄어들었죠. 작은 관심과 배려가 문제를 해결한 셈입니다.

김우중은 인턴이었지만, 회사에서 해결사 역할을 하게 되었어요. 직원들은 문제가 생기면 제일 먼저 그를 찾았어요. 김우중은 밤을 새워서라도 문제를 해결했고, 직원들이 기뻐하는 모습을 보면서 더 신나게 일했습니다.

그러다 보니 일이 점점 늘어나서 나중에는 섬유를 만드는 공장 일까지 맡게 되었어요. 섬유 생산은 처음이었지만, 그는 3개월 동안 공장에서 먹고 자며 일을 배웠어요. 그러면서 여러 가지 개선을 이뤄냈습니다.

어느덧 약속한 6개월이 지났어요. 퇴사를 앞둔 어느 날, 김용선 사장이 김우중을 불렀습니다.

"내가 주식 투자를 잘못해서 공장 문을 닫게 생겼다. 직원들도 내보내야 하고…. 그동안 고생 많았다, 우중아! 이제는 영국으로 가서 공부 열심히 해라. 그래도 비행기값은 마련했으니 이걸 받아라."

김우중은 정든 직원들이 일자리를 잃는다고 생각하니 마음이 아팠어요. 하지만 어쩔 수 없었죠. 영국으로 떠날 준비를 했습니다.

그는 영국에서 공부하는 여자친구에게 편지를 보냈어요.

"로마에서 만나 함께 여행하고 영국으로 가자."

그 시절에는 해외여행이 흔치 않았어요. 김우중은 로마로 가는 길에 홍콩, 베트남, 필리핀, 싱가포르를 들러보기로 했습니다.

우연한 발견이 만든 비즈니스 여행

베트남에 도착한 김우중은 한성실업에서 알게 된 현지 섬유공장을 방문했어요. 놀라운 점을 발견했죠. 그곳은 한성실업과 같은 기계로 옷을 만들고 있었는데, 디자인이 200가지가 넘었어요. 한성실업은 고작 4가지뿐이었는데 말이죠.

김우중은 궁금해졌어요.

"혹시 옷을 만드는 실은 얼마에 사나요?"

확인해 보니 더 놀라웠어요. 그 공장은 한성실업보다 4배나 비싼 가격에 실을 사고 있었거든요. 그의 머릿속에 좋은 생각이 떠올랐습니다. 이 원단 샘플을 한성실업에 보내서 똑같이 만들면 큰 도움이 될 것 같았죠.

"실을 싸게 살 수 있는 곳을 알려 드릴게요. 대신 원단 디자인 샘플을 주실 수 있습니까?"

김우중은 원단 샘플을 잘라 싱가포르로 향했습니다. 이제 그의 여행은 누가 시키지도 않은 비즈니스 출장이 되었죠.

싱가포르에 도착한 김우중은 원단 샘플을 들고 여러 가게를 돌아다녔어요. 조사해 보니 놀라운 사실을 알게 됐죠. 한성실업에서 원단을 만들어 싱가포르에 팔면 큰돈을 벌 수 있다는 걸요!

김우중은 전략을 바꿨어요. 작은 가게들을 하나하나 찾아다니는 대신, 큰 회사와 한 번에 거래하기로 했습니다. 마침 근처에 상공회의소 회장이 운영하는 큰 회사가 있었어요.

김우중이 원단 샘플을 보여주자, 회장이 물었습니다.

"이 원단이 얼마입니까?

그러자 김우중이 영리하게 되물었어요.

"얼마에 팔면 당신에게 이익이 남겠습니까?"

"1야드에 0.6달러면 적당합니다."

김우중은 머릿속으로 빠르게 계산했어요. 이 정도면 충분히 남는 장사라고 판단했죠.

"20만 야드를 12만 달러에 계약합시다!"

수출 계약 금액은 그의 예상보다 훨씬 컸습니다. 게다가 계약이 생각보다 너무 쉽게 이루어졌기에, 속으로는 놀라서 가슴이 마구 뛰었어요. 하지만 겉으로는 포커페이스를 유지했죠.

그때까지 한국은 섬유를 수출한 적이 한 번도 없었기 때문에 이 계약은 한국 최초의 섬유 수출 계약으로 역사에 기록되었습니다.

지역에서 상공회의소 회장은 큰 영향력을 발휘하는 사람이에요. 그런 사람과 계약을 한 후, 김우중은 이걸 마케팅에 활용했습니다. 다른 회사들을 찾아가서 원단 샘플과 함께 계약서를 보여주었죠. 그러자 모두들 계약하겠다고 나섰고, 총 37만 달러어치의 계약을 따냈답니다.

김우중은 고민 끝에 로마로 가지 않기로 했어요. 대신 한국으로 돌아와 김용순 사장을 찾아갔죠.

"우중이 너 여기 왜 왔어? 영국 간 거 아니었어?"

"사장님, 저 사고 쳤습니다. 회사가 문 닫는다길래 도저히 발이 안 떨어져서요. 동남아에 가서 37만 달러 수출 계약을 따왔습니다."

"뭐라고? 37만 달러? 그 정도 물량이면 한국의 모든 섬유공장을 일 년 내내 돌려도 못 만들 텐데!"

"네…?"

실제로 그랬어요. 김우중이 따온 계약은 1963년 한국의 일 년 섬유생산량보다 더 큰 규모였답니다. 한성실업은 기계도 늘리고 다른 회사에 일도 맡겼지만, 일 년이 넘어서야 모든 수출을 마칠 수 있었어요.

이 첫 수출을 시작으로 김우중은 전 세계를 다니며 계약을 따왔고, 한성실업은 문 닫을 뻔한 회사에서 한국 최대의 섬유 회사가 되었답니다.

세계를 잇는 꿈이 시작되다

20대 후반의 김우중은 이사로 승진하고 세계를 누비며 수출왕으로 활약했어요. 하지만 점점 직장 생활에 흥미를 잃어갔죠. 서른 살이 되자 미국 유학을 결심하고 사표를 냈습니다.

그때 한성실업과 거래하던 대도실업의 도재환 사장이 찾아왔습니다.

"자네, 나랑 동업할 생각 없나?"

"저는 그럴 만한 돈이 없습니다."

"내가 창업자금 250만 원을 빌려줄 테니 나중에 벌어서 천천히 갚으면 어떤가??"

"사장님, 저는 창업할 생각이 없습니다. 그리고 이제 곧 미국으로 유학을 떠납니다."

하지만 도재환 사장은 포기하지 않고 매일 찾아와 끈질기게 동업을 권했죠. 김우중의 마음도 조금씩 흔들렸습니다. 게다가 1년이 넘도록 여권이 나오지 않자, 김우중은 '이게 나의 운명인가?' 하고 생각했어요.

1967년, 김우중은 마침내 창업을 결심했어요. 회사 이름은 대도실업의 '대大' 자와 김우중의 '우宇' 자를 따서 '대우실업'이라고 지었습니다.

김우중이 회사를 차렸다는 소식을 듣고, 고등학교 친구 이우복이 직장을 그만두고 합류했어요. 이렇게 해서 대우는 자본금 500만 원과 직원 5명으로 시작되었습니다.

김우중은 대우를 특별한 회사로 키웠어요. 국내 판매는 전혀 하지 않고, 오직 수출만 하는 회사였죠. 첫해에 58만 달러 수출을 시작으로, 이듬해에는 주문이 너무 많아서 공장 기계를 100대 이상 늘렸습니다.

창업한 지 2년 6개월이 지났을 때, 동업자 도재환 사장이 김우중을 찾아왔어요.

"난 이만큼 벌었으면 됐어. 자네가 내 지분 50퍼센트를 샀으면 좋겠네."

그동안 대우의 가치는 몇십 배나 커져 있었죠. 김우중은 여기저기서 돈을 빌려 지분을 사들였고, 마침내 회사를 혼자 이끌게 되었어요.

1969년, 김우중은 더 큰 꿈을 꾸었어요. 시드니와 싱가포르에 해외지사를 세우고, 다양한 의류를 수출했습니다. 다른 중소기업들이 어려워하는 수출을 도맡아 하며, 수출하는 물건도 수백 가지로 늘렸죠.

결과는 놀라웠습니다! 1972년에 대우는 한국 수출액 2위 기업이 되었고, 1978년에는 창업 11년 만에 수출 1위 기업이 되었어요. 정말 믿기 어려운 성장이었죠.

성공의 비결은 아낌없이 주는 것

수출이 급격히 늘어나자 김우중은 부산에 세계 최대 규모의 공장을 세웠어요. 대우는 옷을 엄청나게 많이 만들었기 때문에, 한국 시장 가격의 10퍼센트로도 수출할 수 있었죠.

어느 날 공장장이 김우중에게 제안했어요.

"회장님, 한국 경제가 성장하면서 옷 시장도 커지고 있습니다. 이제는 국내에서도 팔아보면 어떨까요? 수출가보다 몇 배 비싸게 팔아도 다른 회사보다 훨씬 싸게 팔 수 있을 텐데요."

하지만 김우중의 대답은 단호했어요.

부산에 지어진 공장. 이곳에서 원단 및 봉제 제품을 만들어 수출했어요. 처음에는 직원 100명으로 시작했지만, 십여 년이 지난 후에는 2만여 명을 고용하기에 이르렀습니다. 출처 : 부산역사문화대전

"그 가격에 옷을 팔면 국내 중소기업들이 다 죽어요. 중소기업에 피해 주지 말고, 우리는 수출만 합시다."

만약 대우가 국내에서 옷을 팔았다면 엄청난 돈을 벌 수 있었을 거예요. 하지만 김우중은 국내 중소기업을 살리기 위해 더 힘든 해외시장을 선택했죠.

이런 김우중의 마음을 아는 국내 섬유 회사 사장들은 그를 진심으로 존경했다고 해요.

김우중은 치열한 경쟁 속에서도 상대방의 이익을 보장하며 서

로 공존하는 경영 전략을 택했어요. 또한, 어려울 때는 아낌없이 도와주는 진정한 친구들을 만들었습니다.

어느 날 김우중에게 다급한 전화가 걸려왔어요. 싱가포르 거래처 사장 '테'였죠.

"김 회장! 우리 회사가 곧 망할 것 같아요…."

테의 떨리는 목소리가 전화기를 타고 들려왔어요. 인도네시아 수출 시장이 갑자기 막히면서 제품 가격이 폭락했다는 거예요. 곧 갚아야 할 은행 빚이 30만 달러나 되는데, 대우와 계약한 가격으로는 도저히 물건을 팔 수 없다는 것이었습니다.

김우중은 고민에 빠졌습니다. 이미 계약은 끝난 상태였어요. 계약서대로만 하면 되는데, 무언가 마음에 걸렸죠.

'지금 돕지 않으면, 오랫동안 함께해 온 회사가 무너질 텐데….'

오랜 파트너의 절박한 심정을 느낀 김우중은 과감한 결정을 내렸습니다. 계약 가격을 크게 낮춰주고, 30만 달러도 조건 없이 빌려준 거예요.

시간이 흘러 인도네시아 시장이 회복되자, 테는 김우중의 은혜를 잊지 않았어요. 오히려 더 비싼 가격에 물건을 사주었죠. 덕분에 대우는 100만 달러가 넘는 수익을 올렸어요.

돈도 벌었지만, 김우중에게는 그보다 더 소중한 것이 생겼습니다. 바로 진정한 친구였죠.

김우중은 이 경험을 통해 중요한 깨달음을 얻었어요. 남을 도와주면 반드시 그만한 보답이 온다는 걸요. 당장 눈앞의 이익을 위해 어려운 이웃을 외면하면, 그건 결국 자신을 해치는 일이 된다고 생각했습니다.

그래서 대우는 철저한 원칙을 세웠어요. 회사가 얻는 이익만큼 거래처의 이익도 똑같이 보장한다는 것이었죠. "

사업을 하다 보면 누구나 위기를 맞기 마련이에요. 그럴 때 대부분의 사람들은 어려움에 처한 기업가를 피하고 싶어 하죠. 하지만 김우중은 달랐어요. 오히려 그 순간을 진정한 친구를 만들 수 있는 특별한 기회라고 생각했습니다.

실제로 김우중이 세계적인 기업인으로 성장할 수 있었던 비결 중 하나가 바로 '테'와 같은 든든한 친구들이었어요. 그는 전 세계를 무대로 '아낌없이 돕고, 아낌없이 받는 전략'을 펼쳤죠. 덕분에 세계 곳곳에 진정한 비즈니스 파트너가 생겼고, 이들은 김우중의 세계 경영에 가장 큰 힘이 되어주었답니다.

회장이 뛰니까 직원도 뛴다

세계의 수많은 대기업 회장 중에서도 김우중만큼 해외출장을 많이 다닌 사람은 없을 거예요. 일 년에 무려 250일을 비행기를 타고 다녔죠. 놀라운 건 이런 생활을 30년이나 이어갔다는 거예요.

"오늘은 파리, 내일은 브라질, 모레는 LA…."

김우중의 일정표를 본 사람들은 눈이 휘둥그레졌답니다.

13일간 11개 나라를 방문한 적도 있었어요. 출장길에서 단 하루도 방에서 자지 못한 채, 부족한 잠은 밤 비행기를 타고 다음 약속 장소로 이동하면서 보충했다고 합니다. "

김우중의 하루는 이렇게 흘러갔어요.

사무실 → 공항 → 비행기 → 공항 → 호텔 → 사무실 → 식당 → 다시 공항 …

재미있는 점은 김우중의 수행비서들이 대부분 20대 청년이었다는 거예요. 김우중의 강행군을 따라다니려면 강철 같은 체력이 필요했기 때문이죠.

이 젊은 비서들의 가장 중요한 임무는 뭐였을까요? 바로 비행기 환승 시간을 최대한 줄이는 거였어요. 1분 1초가 아까웠던 김우중은 자신에게 주어진 시간을 두 배, 세 배로 활용해 세계를 누비고 다녔습니다.

직원을 가족처럼, 세계를 현장처럼

매년 12월 19일이면 김우중은 어김없이 유럽행 비행기에 올랐어요. 그날은 그의 생일이자 크리스마스를 앞둔 날이었죠. 하지만 이건 휴가가 아니었어요. 타지에서 1년 동안 고생한 유럽 지사 직원들을 직접 찾아가 격려하기 위한 여정이었답니다.

김우중의 딸 김선정은 어린 시절을 이렇게 기억해요.

"아버지는 가족보다 직원이 먼저였어요. 크리스마스도, 설날도 해외 공장에서 보내셨죠. 하지만 어디를 가시든 저희 남매와 엄마에게 따뜻한 마음이 담긴 엽서를 보내 주셨어요." [48]

유럽 직원들과 크리스마스이브를 보낸 김우중은 곧바로 이슬람권으로 떠났어요. 유럽 직원들이 편히 연휴를 보내길 바라는 마음에서였죠. 그리고는 크리스마스가 없는 중동과 아프리카의 공장과 건설현장을 찾아다녔어요. 사막의 모래바람을 맞으며 일하는 직원들과 함께 떡국을 먹으며 새해를 맞이하곤 했습니다.

하지만 이런 현장 방문이 항상 쉬운 것만은 아니었어요. 대부분의 해외 공장이 선진국들도 가지 않는 오지에 있었기 때문이에요. 특히 아프리카 리비아에서는 이런 일도 있었습니다.

"지금 바로 출발합시다!"

"하지만 회장님, 사막을 밤에 건너는 건 너무 위험합니다."

이 날 김우중은 벵가지에서 수도 트리폴리까지 1천 킬로미터가 넘는 거리를 하룻밤에 달렸어요. 중간중간 현장에 들러 직원들의 이야기도 듣고, 격려도 하고, 필요한 것은 지적도 했죠. 다른 사람들은 일주일이 걸리는 일정을 단 하룻밤 만에 끝냈어요.

한 번은 한밤중에 사막에서 길을 잃기도 했어요. 훗날 그는 '두려운 게 없었던 시절'이라고 회고했습니다."

회장이 직접 발로 뛰는 현장 경영 정신은 직원들에게도 그대로 이어졌어요. 마치 유라시아를 휩쓴 칭기즈칸의 기마병처럼, 대우의 직원들은 세계 곳곳을 누비며 놀라운 성과를 만들어 냈습니다.

섬유 회사가 엔진을 만든다고?

1975년 어느 날, 청와대 경제수석이 김우중을 찾았습니다.

"김 회장님! 한국기계 인수를 부탁드립니다. 적자가 너무 커서 정부에서는 더 이상 운영할 수 없는 지경이 되었어요."

한국기계는 박정희 대통령이 중화학공업의 육성을 추진하면서 세계 최대 규모로 만든 디젤엔진 공장이었습니다. 그러나 만성 적자가 나서 정부의 골칫덩어리가 되어 버렸죠.

'섬유공장만 해오던 우리가 엔진을 만든다고? 말도 안 돼.'

김우중은 처음에 고개를 절레절레 저었어요. 하지만 정부의 끈질긴 설득에 마지못해 공장을 둘러보기로 했습니다.

그런데 웬걸! 공장에서 대형 철판을 자르고 용접하는 모습을 보는 순간, 김우중의 눈이 반짝였어요.

'잠깐만…, 원단을 잘라 옷을 만드는 것과 철판을 잘라 엔진을 만드는 건 똑같은 원리잖아.'

결국 김우중은 한국기계를 인수하고 간판을 '대우중공업'으로 바꿨습니다. 하지만 현실은 암담했죠. 연간 4만 8천 대나 만들 수 있는 공장에서 고작 300대도 안 되는 엔진을 만들고 있었거든요. 이유는 명확했어요.

부품을 조금씩 사니까 엔진 가격이 비싸고, 가격이 비싸니까 사는 사람이 없고, 사는 사람이 없으니 또 적게 만들었던 것이죠. 이 악순환의 고리를 끊어내야만 했습니다.

김우중은 과감한 결정을 내렸어요.

"부품을 대량으로 구매해서 가격을 확 낮추자. 그리고 공장을 풀가동하는 거야!"

많은 사람이 고개를 저었습니다.

"재고가 쌓이면 어쩌려고…."

"망한 공장인데 누가 사겠어요?"

하지만 김우중은 달랐어요. 엔진을 대량 생산해 공장 창고를 가득 채웠죠. 그리고 국내 자동차 회사, 발전기 회사 등 구매자들과 정부 관계자들을 공장으로 초청했습니다.

"이게 정말 그 망했다던 공장이 맞습니까?"

손님들은 깜짝 놀랐어요. 활기 넘치는 직원들과 엔진으로 가득 찬 창고를 보면서 구매를 결정했고, 자발적으로 대우중공업의 홍보

대사가 되어 주었습니다.

김우중은 여기서 멈추지 않았어요. 곧바로 해외 시장에 도전했죠. 그 결과, 12년 동안 적자였던 회사가 거짓말처럼 1년 만에 흑자로 돌아섰어요.

이 소식이 퍼지자 정부는 어려워진 기업들을 김우중에게 맡기기 시작했습니다. 1978년에는 새한자동차를 인수해 대우자동차로 간판을 바꿨고, 옥포조선소를 인수해 대우조선으로 간판을 바꿔 모두 성공시켰어요. 이후에도 수많은 부실기업을 인수해 1998년에는 41개의 계열사를 거느린 재계 2위의 대기업이 되었습니다.

대우는 섬유로 시작해 무역, 조선, 건설, 자동차, 중장비, 통신, 관광, 금융까지 분야를 가리지 않고, 거의 모든 사업에 진출했습니다.

하지만 분야를 가리지 않았던 김우중에게도 단 한 가지 철칙이 있었습니다.

'중소기업과 소상공인들에게 피해를 주는 사업은 하지 말 것!'

미개척지에 세계 경영의 깃발을 꽂다

"회장님, 하필 아프리카라뇨. 아프리카로 간 회사는 선진국에
서도 거의 없습니다."

김우중이 아프리카 진출을 결정하자 많은 우려의 목소리가 나
왔습니다. 그때 김우중은 이렇게 대답했어요.

"바로 그겁니다. 선진국 사람들이 못하는 걸 해야 해요. 우리가
이길 만한 곳을 찾아가야죠." [49]

김우중은 이미 세계 시장을 꼼꼼히 분석한 후였습니다.

선진국은 이미 큰 기업들이 장악했어요. 동남아는 일본 기업들
이 먼저 자리 잡았죠. 그러나 아프리카는? 아직 아무도 진출하지
않은 미지의 땅이었습니다!

1970년대의 아프리카는 열대 기후와 사막이라는 환경 때문에
기업들이 진출을 꺼려하는 지역이었어요. 하지만 김우중의 눈에
는 다르게 보였어요.

'지금이 기회다. 우리가 먼저 가서 아프리카 사람들의 마음을
얻는다면, 이 거대한 시장을 우리 것으로 만들 수 있어!'

김우중은 아프리카를 세계경영의 전초기지로 선정하고, 전략적으로 세 나라를 골랐습니다. 가장 땅이 큰 나라인 수단, 가장 부유한 나라인 리비아, 가장 인구가 많은 나라인 나이지리아였죠.

그리고 또 하나의 파격적인 결정을 내렸습니다. 회사 최고의 인재들을 이 세 나라에 보내기로 한 것입니다.

사막에 세운 공장, 수단의 국민기업이 되다

"수단에서 가장 필요한 게 뭘까?"

김우중은 수단의 일상을 꼼꼼히 살폈어요. 그러다 발견했죠.

'타이어다! 사막을 달리는 차들은 타이어가 금방 닳는데, 이 나라에는 타이어 공장이 없잖아.'

하지만 그 앞에는 큰 걸림돌이 있었어요. 당시 수단은 북한과 가까운 동맹국이었거든요. 반대로 한국은 적국이나 다름없었죠. 북한은 한국 기업이 수단에서 공장을 세우는 것을 절대 허가하지 않도록 사사건건 방해했습니다.

하지만 김우중은 포기하지 않았어요.

'제품의 품질로 승부하자. 그리고 수단 사람들에게 진심을 보

여 주자.'

드디어 공장이 완성되었어요. 수단 정부 관계자들은 큰 규모의 최신식 공장을 보고 깜짝 놀랐습니다.

"이렇게 큰 규모의 공장을 지어 주다니….'"

감동한 수단 정부는 공장 완공일을 '한국의 날'로 지정했어요.

김우중의 실력을 눈으로 확인한 수단 대통령은 국가의 중요한 사업을 대우에게 맡기기 시작했습니다. 그 후 대우는 타이어 공장 뿐만 아니라 피혁공장, 의약공장, 방적공장 등 수많은 공장을 수단에 건설했습니다. 그중에서도 대우가 건설한 팔레스 호텔은 수단과 한국 간의 경제 협력의 상징으로 평가받고 있어요.

이렇게 대우는 수단 수출액의 15퍼센트를 책임지는 국민 기업이 되었습니다. 또한 한국은 수단을 발판으로 삼아 아프리카 진출의 물꼬를 트게 되었죠.

훗날 수단 대통령은 직접 한국에 와 김우중을 만나고, 옥포대우조선소를 방문하기도 했어요.
출처 : e영상역사관, 국가기록사진(1983년)

아프리카의 전설이 된 대우

리비아는 독재자 카다피가 통치하는 나라였습니다. 김우중은 수단에서의 성공을 바탕으로, 리비아에서도 학교 건설 공사를 따 냈어요.

이 공사는 이탈리아 기업이 같은 규모의 학교를 짓고 있었던 현장과 나란히 진행되었죠. 이탈리아 팀은 이미 건물을 거의 다 지어놓고 내부 공사를 하고 있었는데, 대우는 이제 막 땅을 파는 상태였어요.

김우중은 이렇게 생각했어요.

'우리는 속도로 승부하자!'

그래서 밤에도 횃불을 밝히고 24시간 쉬지 않고 공사를 진행 했습니다. 결과는 놀라웠어요. 대우가 지은 건물이 빠르게 올라가 더니, 결국 이탈리아 팀을 추월해 먼저 완공하고 말았죠!

리비아 정부는 대우의 압도적인 속도와 품질에 깊은 감명을 받았어요. 그러면서 대우에게 더 큰 도전 과제를 맡겼습니다. 그 것은 바로 사막 한가운데에 위치한 비행장 공사였어요. 이 공사는 이탈리아 기업이 포기하고 떠난 어려운 프로젝트였습니다.

비행장 공사가 거의 완료되었을 때, 갑자기 검은 차들이 줄지어 공사장으로 들어왔습니다. 경호원들 사이에서 나타난 사람은 다름 아닌 카다피 대통령이었어요! 그는 대우가 진행하는 공사를 보고 싶어 직접 찾아온 것이었습니다.

밤늦게까지 횃불 아래서 일하는 직원들을 본 카다피는 감탄했어요.

"한국인의 성실성과 열정은 누구도 따라갈 수 없군. 우리도 이런 정신을 배워야 해!"

놀랍게도 카다피는 사막 한가운데 있는 대우 직원들의 숙소에서 14일이나 머물렀어요. 그는 직원들과 탁구를 치며 즐거운 시간을 보냈답니다. 평소 '사막의 미친개'로 불리던 독재자가 대우 직원들 앞에서는 순한 양처럼 변해 있었어요. 그만큼 대우의 열정에 반했던 것이죠.

리비아는 북한과 가까운 관계를 유지하고 있었습니다. 그래서 한국 기업이 리비아에서 일한다는 소식을 들은 김일성은 화를 내며 카다피에게 '한국 노동자들을 당장 추방하라'고 요구했어요. 그러나 카다피는 단호하게 이렇게 대답했답니다.

"한국 노동자가 싫으면 너부터 나가라!"

비행장 공사 또한 기대 이상으로 빨리 완료되었습니다. 카다피는 대우에 더욱 큰 공사들을 맡기기 시작했어요. 그 결과 리비아의 도로 3분의 1이 대우의 손길로 만들어졌습니다.

재미있는 건 공사 대금을 현금 대신 석유로 받았다는 거예요. 당시 리비아는 외화가 부족했거든요. 하지만 김우중은 오히려 기뻐했습니다. 원유를 정제해 더 높은 값에 팔 수 있었기 때문이에요.

많은 기업들이 아프리카에서 번 돈을 본국으로 가져갔지만, 김우중은 달랐어요. 현지에 다시 투자했죠. 이런 진심이 통했는지 대우는 아프리카에서 가장 신뢰받는 기업으로 성장했습니다.

처음 아프리카에 갔을 때만 해도 사람들은 비웃었어요.

"사우스코리아가 어디죠? 그것도 나라인가요?"

게다가 대부분의 나라가 한국과 수교도 하지 않은 상태였죠.

하지만 대우의 성공 덕분에 한국은 수단, 리비아, 알제리, 앙골라, 나이지리아, 모리타니 등 12개국과 수교를 맺을 수 있었습니다. 대우가 닦아놓은 길을 따라 많은 한국 기업들이 아프리카로 진출했고, 새로운 성공 신화를 써 내려갔어요.

김우중은 아무도 가지 않은 길을 개척하며 한국 기업들의 새로운 가능성을 보여준 것입니다.

'한강의 기적'을 세계로

1993년, 창업 26주년을 맞은 대우는 대대적으로 '세계경영'을 선포했습니다. 이는 세계 곳곳에 뿌리를 내리고 초일류 기업이 되겠다는 야심 찬 계획이었죠. 김우중은 아프리카, 중앙아시아, 동남아시아에서의 성공 경험을 바탕으로 자신감을 갖고 이 계획을 추진했습니다.

김우중에게는 특별한 세계경영 전략이 있었어요.

그 첫 번째는 또 다른 '한강의 기적'을 약속하는 것이었습니다. 그는 신흥국의 권력자들을 만나면 이렇게 말했어요.

"당신의 나라를 한강의 기적을 일으킨 한국처럼 만들어 드리겠습니다."

만약 '미국처럼 만들어 드리겠다'고 했다면 어땠을까요? 아마도 허황된 약속이라며 비웃었을 거예요. 하지만 한국은 달랐죠. 얼마 전까지 전쟁과 가난으로 고통받다가 놀라운 성장을 이룬 나라였으니까요. 신흥국들은 한국의 성공 스토리에 큰 관심을 보였습니다.

대우는 이런 나라들을 위해 특별한 선물을 준비했어요. 섬유공장부터 시작해서 무역, 중공업, 건설, 자동차, 전자, 금융에 이르기까지 모든 산업을 한 번에 지원하는 '패키지 전략'이었죠. 한국의 경제 성장을 이끈 경험을 활용해, 이들 국가에도 동일한 경제 발전의 경로를 제시했던 것입니다.

반면 미국이나 유럽의 기업들은 이런 방식을 몰랐어요. 너무 오래전에 선진국이 되어버려서 개발도상국의 마음을 이해하지 못했거든요. 그래서 신흥국에서는 대우를 따라올 수 없었죠.

대우가 세계경영에 적극적으로 나서자 국내 기업들 사이에는 세계경영 벤치마킹 붐이 불었습니다.
1976년 <조선일보> 지면광고

게다가 김우중은 항상 현지에 재투자하는 방식을 택했어요. 수단이나 리비아에서처럼 수익을 올리면 그 나라에 다시 투자하고, 이를 통해 신뢰를 쌓았죠. 신흥국 지도자들은 이러한 진심 어린 투자를 보고, 대우에 대규모 사업을 맡겼습니다.

이로 인해 대우는 해당 국가의 산업을 독점하다시피 했고, 더 큰 수익을 얻을 수 있었어요.

세상은 결국 사람이 움직인다

세계경영의 두 번째 전략은 '인재경영'이었어요.

김우중은 세계 곳곳에서 인재를 발굴하고 키웠습니다. 아프리카에 진출했을 때도 그곳의 우수한 학생들을 뽑아 선진국으로 유학을 보냈죠. 이 학생들은 유학을 마치고 돌아와 그 나라의 엘리트가 되어서, 대우에 받은 은혜를 몇 배로 갚아 주었답니다.

김우중은 직원들의 교육도 직접 챙겼습니다. 뛰어난 직원들을 해외로 보내 공부하게 했죠. 회사가 학비와 생활비를 모두 지원했고요.

그런데 문제가 생겼어요. 유학을 마치고 돌아온 직원들이 회사를 그만두는 일이 잦아졌던 거예요. 인사팀은 고민 끝에 '의무 근무 계약서'를 만들었습니다.

이를 안 김우중은 그 같은 계약서를 없애며 말했어요.

"그 직원이 관두면 어디에 있겠어? 한국에 있을 거 아니야. 우리 회사만 생각하지 말고, 나라의 인재를 키운다고 생각해. 그리고 왜 관두는지 파악해서 일하고 싶은 회사로 만들 생각을 해."

김우중에게는 또 하나의 특별한 원칙이 있었습니다. 바로 회사의 최고 인재들을 아프리카 같은 어려운 환경에서 단련시킨 다음, 편안한 미국이나 유럽으로 발령을 내는 것이었죠. 대우에서는 "임원이 되려면 아프리카는 필수"라는 말이 있을 정도였어요.

이렇게 1990년대 아프리카에서 고생하며 성장한 직원들은 대우의 전성기를 이끄는 주역이 되었습니다. 김우중은 진정한 투자는 바로 '사람'에 대한 투자라는 것을 잘 알고 있었습니다.

다음 전략은 '인맥관리'입니다.

김우중은 누구보다 '사람의 힘'을 잘 알았어요. 모든 일은 사람이 하고, 모든 결정은 결국 사람이 하는 것이니까요. 그는 세계적으로 영향력 있는 인물들과 친분을 쌓는 데 공을 들였습니다. 이들을 대우의 공식 자문관으로 모셔 수시로 조언을 받았죠.

그중에서도 헨리 키신저는 특별했어요. 미국 국무장관을 지내고 중국을 개방으로 이끌어 노벨평화상까지 받은 대단한 인물이었죠. 김우중은 키신저에게서 귀중한 정보도 얻고, 위기 때마다 든든한 도움을 받았습니다.

이런 인연은 마치 실타래처럼 계속 이어졌습니다. 한 사람이 다른 사람을 소개하고, 그 사람이 또 다른 인물을 연결해 주는 식이었죠.

이렇게 세계적인 인물들과 어울리다 보니 어느새 김우중 자신도 세계적인 인물이 되었답니다. 그는 세계경제포럼 자문위원, 중국개발은행 자문위원, 하버드 경영대학 이사 등 세계적 기관에서 자문을 해주며 세계 무대에서도 활발히 활동했습니다.

마지막 전략은 대우 본사와 같은 회사를 해외 곳곳에 만드는 '해외본사 제도'였습니다.

해외본사는 그냥 지사가 아니라 한국의 대우 본사처럼 '생산, 연구개발R&D, 마케팅, 투자'까지 모든 권한을 가지고, 현지에서 신속한 결정을 내리며 경영했습니다.

이 제도의 핵심은 현지 임원들에게 큰 자율성을 주는 것이었어요. 마치 각 나라의 김우중처럼 책임지고 경영하도록 했죠. 더 놀라운 건 이 해외본사들이 완전히 자리 잡으면 독립시켜 주려 했다는 것입니다.

몽골이 광활한 유라시아 대륙을 경영할 때 썼던 방식과 비슷하죠. 만약 이 계획이 성공했다면, 전 세계에 대우 같은 대기업이 수십 개 이상 생겼을지도 모릅니다.

그러나 세계경영의 원대한 꿈은 1997년에 불어닥친 외환위기로 산산조각이 났습니다.

바람처럼 사라진 대우의 신화

1997년, 태국에서 시작된 금융 위기가 태풍처럼 한반도를 덮쳤습니다. 튼튼해 보이던 한국 경제가 무너지기 시작했어요.

당시 한국의 금융회사들은 해외에서 싼 이자로 돈을 빌려와 기업과 개인에게 대출을 해주면서 쉽게 돈을 벌었어요. 한국의 신용도가 높았기 때문에 은행들은 해외에서 마구 돈을 빌렸고, 갚을 때가 되면 기간을 늘리는 것도 쉬웠죠.

하지만 동남아시아의 경제 위기로 상황이 달라졌어요. 해외 은행들이 더 이상 대출 기간을 연장해주지 않았고, 한국의 은행들은 갑자기 큰돈을 갚아야 했답니다.

은행들은 어쩔 수 없이 정부가 가진 달러를 빌려 빚을 갚았어요. 하지만 결국 정부의 달러마저 바닥이 났죠.

1997년 12월 3일, 한국 정부는 IMF국제통화기금에 달러를 빌리는 구제금융을 신청했어요. 이로써 한국은 IMF의 지시를 받아야 하는 처지가 되었고, 공식적으로 국가 파산을 맞이하게 되었습니다.

IMF가 구조조정을 요구하면서 한국은 참혹한 상황을 맞았어요. 1998년 한 해에만 200만 명이 넘는 사람들이 일자리를 잃었어요. 매일 수만 명의 실직자가 생겨났죠. 노숙자가 급격히 늘어

잠깐!

1997년, 한국 경제가 무너진 과정

1997년, 한국 경제가 흔들리기 시작했어요. 1월부터 한보, 삼미, 진로 같은 큰 기업들이 연이어 무너지며 '부도'빚을 갚지 못하는 상태가 났습니다. 기업들이 쓰러지자 은행들도 어려워졌어요.

여기에 동남아시아 금융위기까지 터지면서 외국 투자자들이 한국에서 돈을 빼기 시작했습니다. 그로 인해 우리나라 돈의 가치는 급격히 떨어지고 달러 환율이 치솟았어요.

11월 초: 1달러 = 920원
12월 말: 1달러 = 2,000원

돈의 가치가 반 토막 난 셈이에요! 빌린 달러를 갚으려면 전보다 두 배나 많은 돈이 필요해졌죠. 결국 IMF에 구제금융을 신청하게 되었습니다.

난 것은 물론이고, 부자들이 사는 강남의 초등학교에서도 밥을 굶는 아이들이 생겼어요. IMF 전보다 보육원에 버려진 아이는 2배 이상 늘었고, 이혼은 34퍼센트나 증가해 가정이 무너졌습니다.

금으로 뭉친 국민의 힘, 대우의 끝과 새로운 시작

김우중은 외환위기 극복을 위해 '금 모으기 운동'을 제안했습니다. 금을 모아 수출하면 달러를 벌 수 있다는 생각이었죠. 이 운동은 순식간에 전국으로 퍼져나갔어요.

국민들은 결혼반지와 아이들의 돌반지까지 내놓았습니다. 무려 351만 명이 참여해 227톤의 금을 모았고, 이를 수출해 22억 달러를 벌었어요. IMF에서 벗어나는 데 큰 도움이 되었죠.

이 운동은 세계의 찬사를 받았고, 무엇보다도 위기 속에서 국민을 하나로 만드는 상징적인 계기가 되었답니다.

하지만 아이디어를 낸 김우중의 대우그룹은 점점 더 어려워졌어요. 세계경영을 위해 많은 돈을 빌려 투자했던 대우에게 IMF는 치명적이었거든요.

보통은 기업이 돈을 빌려 투자하고, 그 이익으로 빚을 갚으며 성장합니다. 하지만 국가가 파산한 상황에서는 투자금이 오히려 기업의 목을 조르는 빚이 되고 말았어요. 결국 1999년 11월, 대우그룹은 파산하고 해체의 길로 들어섰습니다.

대우그룹의 파산을 둘러싸고는 여전히 많은 논란이 있습니다. 당시 김우중은 전국경제인연합회 회장으로서 정부에 여러 의견을 전했는데, 관료들과 자주 부딪혔습니다.

김우중은 이렇게 주장했어요.

"오직 수출만이 외환위기를 극복할 수 있습니다. 내수 시장이 얼어붙은 지금, 수출 확대가 최선의 방법입니다."

하지만 김태동 청와대 경제수석은 달리 생각했죠.

"수출은 내수보다 더 힘든 일이에요. IMF 구제 협약의 핵심은 투명성인데, 대우는 손해를 이익인 것처럼 속이는 분식회계를 했어요."

이에 대해 장병주 대우그룹 무역부문 대표는 말했습니다.

"1년에 500억 달러씩 3년만 수출하면 IMF를 끝낼 수 있었습니다. 하지만 정부가 수출 금융을 늘려주지 않았죠. 분식회계는 인정합니다. 그러나 대우가 해체된 후 1년 뒤를 보니 계열사 중 망

한 회사가 하나도 없었어요. 조금만 도와줬으면 대우그룹은 망하지 않았을 겁니다." [50]

실제로 대우의 계열사들은 지금도 다른 이름으로 잘 운영되고 있습니다.

- 대우무역 → 포스코인터내셔널
- 대우조선해양 → 한화오션
- 대우전자 → 위니아전자
- 대우증권 → 미래에셋대우
- 대우자동차 → 한국GM

대우가 해체된 지 25년이 지났지만, 그 유산은 여전히 남아있습니다. 포스코인터내셔널은 해외에서 대우 상표권으로만 매년 90억 원을 벌고 있고, 한화오션은 세계 3위의 조선기업으로 성장했답니다.

싱가포르국립대학교의 신장섭 교수는 대우가 해체되고 15년이 지난 후,《김우중과의 대화: 아직도 세계는 넓고 할 일은 많다》

라는 책을 펴냈어요. 이 책에서 그는 김우중과 대우그룹을 다시 평가해야 한다고 주장했습니다.

한국 경제는 옷, 신발 등 가벼운 물건을 만드는 '경공업'에서 배, 자동차 등 큰 물건을 만드는 '중화학공업'으로, 그리고 마지막 '해외 건설 사업'의 순으로 발전해 왔어요.

신장섭 교수는 대우가 이 3가지 발전 단계를 모두 성공적으로 밟아온 유일한 기업이라고 평가했습니다. 하지만 당시 관료들은 대우가 무리하게 수출을 하고, 외상으로 물건을 판다며 부실기업 이라고 몰아갔죠. 그는 '만약 대우가 지금까지 살아남았다면 삼성 보다 더 큰 세계적 기업이 되었을 것'이라며, 김우중이라는 세계 적 기업인과 대우그룹의 업적을 다시 한 번 제대로 평가해야 한다 고 강조했습니다.[49]

창조, 도전, 희생 : 김우중의 마지막 이야기

김우중이 직접 정한 대우의 정신은 '창조, 도전, 희생'이었습니 다. 그는 이 정신을 몸소 실천했어요.

해외 출장을 자주 다녔던 그의 가방 속엔 언제나 단출한 짐만 있었습니다. 양말 3개, 속옷 3벌, 드레스셔츠 3개, 양복바지 1개가 전부였다고 해요. 대기업의 회장이었지만, 해외에 나가면 스스로 양말을 빨아 신으며 전 세계를 누볐습니다. 그는 무한한 상상력과 탁월한 추진력으로, 도전을 멈추지 않았어요.

1999년 7월, IMF로 대우가 어려워지자 김우중은 스스로 물러남으로써 마지막 희생을 선택했어요.

정부의 고위관료는 그에게 잠시 해외로 나가 있으라 권유했고, 김우중은 그 말을 따랐습니다. 그러나 그가 떠난 후 한 달 뒤, 대우는 그의 뜻과는 달리 해체되고 말았어요.

김우중은 연세대학교 대우관에서 후배들을 만나 눈물을 흘리며 이렇게 말했습니다.

"한 세대의 희생이 있어야, 다음 세대가 번영합니다. 후배 세대에게 자랑스러운 '선진 한국'을 물려주고 싶었지만 우리는 아직 선진국에 진입하지 못하고 있습니다. 선배 세대로서 이 점을 미안하고 부끄럽게 생각합니다…. 비록 나는 '세계경영'을 완성하지 못했지만, 대신 여러분이 해외로 눈을 돌려 '제2의 창업 세대'가 돼 더 큰 꿈을 완성해 주십시오."

타임라인 인물사

세계사	한국사	김우중 1936~2019

1936 ○—— 출생

제2차 세계대전
1939~1945

일제강점기
1910~1945

해방 —— ● **1945**

냉전 시작

대한민국정부 수립 ●—— **1947**
●—— **1948**

한국전쟁
1950~1953

1960 ○—— 한성실업 입사

1963 ○—— 한국 최초 섬유 제품 직수출 계약

대우실업 창립, 57만 달러 수출
1967
1968 ○—— 부산 제1공장 설립
1969 ○—— 국내 기업 최초 해외지사 개설

제1차 오일쇼크
1973~1974

●—— **1973**

한국기계(대우중공업) 인수
1976
1977 ○—— 아주대학교 설립
1978 ○—— 새한자동차 인수, 대우조선 설립
제2차 오일쇼크
1979~1981
1979
1980 ○—— 대우그룹 회장 취임

새한자동차를 대우자동차로
1983 ○—— 상호 변경, 국제기업인상 수상

베를린 장벽
붕괴, 냉전 종식

88서울 올림픽

1987 ○—— 〈포춘〉 선정 '올해의 세계 50대 기업인'
1988 ○—— 〈이코노미스트〉 선정
1989 '세계에서 가장 존경받는 기업인'

1993 ○—— '세계경영'과 '기술대우' 선언

임직원 대상으로 금모으기 운동 전개,
IMF외환위기 ●—— **1997** 이후 전국으로 확산
1998
1999 ○—— 대우그룹 회장 사임
한일 월드컵 ●—— **2000** 대우그룹 해체
●—— **2002**

세계 금융위기 ●—— **2008**

대우조선해양 옥포조선소
전경 출처 : 대한민국역사
박물관, 근현대사 아카이브

2019 ○—— 별세

인생과 성공, 기업가정신에 관한
김우중의 지혜

66
　세계는 넓고 할 일은 많다. 아무도 가지 않은 곳에 가려고 해야 한다. 아무도 하지 않은 일을 하려고 해야 한다. 역사는 그런 사람들의 발걸음에 의해 조금씩 전진해 왔다. 그런 사람들을 우리는 개척자라고 부른다.

여러분은 어떤 꿈을 갖고 있는가? 꿈이 없는 젊음은 젊음이 아니다. 역사는 꿈꾸는 사람의 것이다.

젊은이에게 가장 소중한 재산은 자신감이다. 젊은이들은 자신감으로 경험을 대신해야 한다.

한 가지 일에 미칠 정도로 몰두하고서 실패한 사람을 나는 한 사람도 알지 못한다.

행동으로 말하라. 사람의 마음을 움직이는 더 큰 힘은 말이 아니라 행동이다.
99

참고 문헌

프롤로그
1 조선일보(2024), 한국서 온 神이 딸을 낳았다… 젖소 보낸 네팔 낙농 마을 답사기, 2024.10.05
2 조선일보(2024,) 노벨경제학상 로빈슨 "박정희 수출 정책에 한국 폭발적 성장…아직 유효한 성공 모델". 2024.10.15

제1장
3 조선일보(2023) '기업은 나라 것'이라던 할아버지가 준 최고의 선물? 내가 나로 살게 한 자유, 2023.11.6
4 유한건강생활(2024). 설립자 유일한
5 한국경제(2024). "렉라자는 제약벤처 협업 성공모델…글로벌 1위 될 것", 2024.8.21
6 KBS(2003). 인물현대사, 부자의길, 유일한
7 유승흠(2018). 유일한 정신의 행로, 유일한연구원
8 SBS(2004). '노블레스 오블리주 가진자의 의무' 그것이 알고 싶다 498회
9 조선일보(1924) 미국에서 성공한 조선인 신실업가 유일한 씨, 1924.11.27

제2장
10 연합뉴스(2024). [CES 2024] LG 무선 투명 올레드 TV, CES 최고 제품에 선정, 2024.1.12.
11 이래호(2023). 구인회 LG그룹 회장의 기록, 청미디어
12 뉴시스(2013,8). 구인회 이야기, 깨진 크림통의 위기가 기회로, 2013.8.10.
13 이맹희(1993). 묻어둔 이야기, 청산
14 Insight Korea(2023). LG 인화경영 정체성, 고객가치 진화에 녹이다, 2023.1.12.
15 LG(2024). https://www.lg.co.kr/chairman/1/1
16 이경윤(2013). 구인회처럼, FKI미디어
17 구자경(1992). 오직 이 길밖에 없다. 행림출판
18 한겨레(2008). 맞수 기업 열전, "구 회장, 우리도 전자 할 거야"

제3장
19 이병철(2014). 호암자전. 나남
20 영남일보(2024). 홍하상의 기업인 열전, 삼성가 이야기(12) 사업성공의 시작, 2024.7.26
21 뉴시스(2013). 초밥에 밥알이 몇 개요? 신라호텔의 탄생, 2013.7.6
22 중앙일보(2013). 30년전 어렵게 뿌린 씨앗, 연300억 달러 열매로, 2013.8.2.
23 한국경제(2020). 70대 이병철과 20대 잡스 만남…"모바일 시대의 시작", 2020.7.16.
24 이채윤(2014). 삼성가 사람들 이야기. 성안북스
25 조선일보(2020). 20대 잡스와 70대 이병철의 만남, 애증의 시작이었다, 2020.3.23
26 KBS(2020). '삼성신화' 잠들다…이건희 회장 향년 78세로 별세, 2020.10.26
27 중앙일보(2016). 23년 전 이건희 신경영 불 지핀 후쿠다, 이재용에도 조언. 2016.6.3
28 서울경제(2020). 돈받고 불량품 만드나…휴대폰 화형식으로 더 강해진 삼성전자, 2020.10.25.

29 호암재단(1997). 호암어록.

30 뉴시스(2013). 초밥에 밥알이 몇 개요? 신라호텔의 탄생, 2013.7.6

31 서울경제(2020). 돈받고 불량품 만드나…휴대폰 화형식으로 더 강해진 삼성전자, 2020.10.25.

32 중앙일보(2023). 임원들 LA로 부른 이건희 회장의 특명 "쇼핑하고 오라", 2023.10.28

33 KBS다큐(2013). 삼성, 그리고 반도체 신화 "64K D램 반도체 신화를 열다", 2013.07.20.

제4장

34 HD현대중공업(2024). 정주영 창업자 어록

35 정주영(1998). 이땅에 태어나서, 솔

36 정주영(1991). 시련은 있어도 실패는 없다, 제삼기획 (참고문헌 1)

37 동아일보(2014). 50년전 아버지가 눈물 뿌린 땅에서 '통일의 씨앗' 모색, 2014.3.22.

38 현대자동차(2021). 현대자동차그룹의 정신적 지주, 故 정주영 선대회장의 철학과 도전, HMG 저널, 2021.3.25

제5장

39 중앙일보(2004) 쇳물은 멈추지 않는다. 10편, 59편

40 이대환(2016) 박태준 평전(세계 최고의 철강인)

41 연합뉴스TV(2016). 기업비사 47회 : 철강왕 박태준, 대한민국 제철신화를 이루다

42 포스코 홈페이지. https://www.posco.co.kr/homepage/

43 뉴데일리(2011). 박정희 영전에 올린 박태준 보고서

44 포항MBC(2008). 박태준 명예회장에게 듣는다

제6장

45 연합뉴스TV(2016). 기업비사 45회 샐러리맨의 신화 김우중, 2016.5.24

46 김우중(2018). 세계는 넓고 할 일은 많다, 북스코프

47 대우세계경영연구회(2012)

48 조선일보(2021.4.7.) '김우중 딸'에서 '김선정 아빠'로… 말년의 아버지는 웃으며 떠났다

49 신장섭(2014). 김우중과의 대화 : 아직도 세계는 넓고 할 일은 많다 :, 북스코프

50 SBS(2024). 과몰입 인생사 2회-김우중편

51 김우중(2020). 역사는 꿈꾸는 자의 것이다. 북스코프

52 김용섭(2010). 김기스칸 vs 칭기즈칸, 늘봄

53 뉴스웨이(2018), '김우중 대화록' 펴낸 신장섭 교수 "대우는 관료주의 희생양", 2014.8.26

54 조선일보(2021.4.7.) '김우중 딸'에서 '김선정 아빠'로… 말년의 아버지는 웃으며 떠났다

55 KBS 다큐(2002.7.10.), 대우의 해체, 신화의 몰락! 세계최대의 기업파산 사례! 거침없이 유라시아 대륙을 내달렸던 김우중은 왜 몰락했나?